Derniers jours à
KIEV

Du même auteur :

Les enfants de chœur, Julliard, 1970.
Tango Bravo, Plon, 1973.
Meurtre aux lampions, Plon, 1974.
Simon la baraka, Denoël, 1975.
One Two Two, (de Fabienne Jamet, propos recueillis par Albert Kantof et René Havard), Olivier Orban, 1975.
Judith, le cosaque et le commissaire, Denoël, 1976.
Le Paria, (avec Denys de La Palletière), Robert Laffont, 1984.
Un cheval pour l'éternité, Robert Laffont, 1986.
La Belle Anglaise, (avec Jean Amadou), Robert Laffont, 1988.
Trio, Robert Laffont, 1990.
Penalty, (avec Thierry Roland), Robert Laffont, 1992.
Le Pinceau de Dieu, Les Étoiles, 2022.

Remerciements

Merci à mes très chers amis Armelle et Laurent Chollet,
grâce à qui mon manuscrit est devenu ce livre.

Couverture et maquette : Danaé Laval
Relecture-rewriting : Pierre de Taillac
Correction : Enéa Bahier, Emmanuelle Bau,
Mélanie Lemaire, Yves Serruys

Imprimé en France par Corlet

Dépôt légal : août 2023
ISBN : 9782364452527

Éditions Pierre de Taillac
74, rue du Rocher • 75008 Paris
www.editionspierredetaillac.com

Derniers jours à

KIEV

albert kantof

Éditions
Pierre de Taillac

ROMANS HISTORIQUES

19

14

Chapitre 1

En cette fin de matinée du 28 juin 1914, le soleil à son zénith brûlait la plaine d'Ukraine. Ici ou là, les bleuets et les coquelicots formaient des bouquets qui donnaient un air de fête à l'immensité des lourds épis. Au cœur de cette mer blonde, des rangs de moissonneurs progressaient à une allure régulière avec un même large mouvement circulaire de la faux qui couchait les hautes tiges sur le sol. Étonnamment justes, leurs voix de basse profonde exaltaient les exploits guerriers d'un prince cosaque. Prouesses héroïques auxquelles, tout en mettant le blé en gerbes dans leur sillage, les femmes qui avançaient courbées, un fichu noué sous le menton, répondirent en s'attendrissant vocalement sur la belle qui, lasse de l'attendre, se jeta dans le fleuve.

Fusant soudain dans le ciel, le chant d'une alouette participa en solo à cet opéra agreste. Quelques travailleurs des champs levèrent la tête. Se servant du manche de son outil, l'un d'eux fit mine d'épauler un fusil et de tirer. N'en ayant cure, le passereau grimpa allègrement dans l'azur et disparut en direction de Borispol.

Peu après, il survola le pont de bois enjambant la Desna gris fer où l'astre du jour se reflétait en moirures dorées mouvantes. La rivière coupait la cité en deux. D'en haut, il était facile d'identifier le ghetto, situé sur la rive gauche. Tous les hommes vaquant dans le lacis tourmenté des ruelles y étaient coiffés de la kippa, cette calotte noire des Hébreux pratiquants, ou du chapeau rond à large bord des juifs hassidiques.

Brusquement, l'oiseau piqua droit vers l'une des fenêtres ouvertes au dernier étage d'un immeuble tout de guingois parce que l'on y avait ajouté, bricolé serait plus exact, deux paliers supplémentaires faute de pouvoir loger au sol une population devenue bien trop nombreuse pour la superficie que lui concédaient les chrétiens. De cette croisée jaillissait une débauche de traits de violon serrés, de pizzicati, une descente chromatique vertigineuse qui ne pouvait être le fait que d'un archet virtuose tant les sons, sans cesse à la limite de la brisure, de la fausse note, demeuraient purs, aussi parfaitement accordés que l'avaient été précédemment le chœur des moissonneurs et l'ariette du volatile sauvage.

Demeuré un moment comme à l'écoute sur le rebord de l'encadrement, ce dernier reprit son vol, chassé par la remontrance qui suivait l'ultime note acrobatique : « Mendel Flüssvogel... Ta corde n'est pas assez ronde ni grasse. Honte sur toi de jouer l'œuvre de monsieur Paganini sec comme un coup de trique... Tu reprends, s'il te plait. »

Cette fois, les ailes du passereau l'emportèrent en direction de Kiev. Aussi vagabond qu'aventureux, il y fut en peu de minutes. Se faufilant alors entre les hautes et minces cheminées des usines de tissage vomissant une fumée noire, il franchit le Dniepr ; survola les avenues où se pressaient les fiacres, les tramways tintinnabulants, les automobiles crachotantes et les passants avant de venir enfin se poser sur la statue géante de saint Vladimir brandissant sa croix de pierre blanche. Dans la journée, on pouvait presque compter les centaines d'ampoules électriques qui en parsemaient les branches et qui, s'illuminant à la tombée de la nuit, en faisaient une sorte de phare de la foi orthodoxe pour les voyageurs arrivant en ville. Hélas, à cette heure, ce n'était guère plus qu'un perchoir à oiseaux dégoulinant de fientes.

Mais cette halte-là fut aussi de courte durée. Le mélomane à plumes n'était pas au bout de son parcours harmonieux. Quelque mystérieux sixième sens (si l'on veut bien considérer que le chant des oiseaux vaut bien la parole humaine) avait dû l'attirer vers la capitale de l'Ukraine à l'instant même où l'organiste de la cathédrale plaquait sur le clavier des grandes orgues les accents grandiloquents de la Marche nuptiale de Mendelssohn. Tournoyant au-dessus de la nef de pierre sonorisée par les arpèges cérémonieux, l'alouette, telle une auditrice captivée, ne disparut de nouveau dans l'éther qu'après l'accord final qui vit apparaître sur le parvis, dans un grand concours de cortège endimanché, la mariée toute en dentelle blanche au bras d'un officier en uniforme immaculé à épaulettes dorées de colonel de la Garde impériale.

Le petit volatile brunâtre mit alors le cap à l'ouest, en direction de la frontière.

*

Nul ne peut affirmer qu'il l'atteignit vraiment. Et quoi qu'il en soit, il lui aurait fallu, étant donné la distance à parcourir, avoir le don d'ubiquité pour se retrouver au même moment à des centaines de kilomètres de là. C'est-à-dire sur le quai de la gare de Sarajevo, au cœur de la province autrichienne de Bosnie-Herzégovine, à l'instant où l'héritier du trône des Habsbourg et son épouse étaient accueillis à la descente du train par les sonneries des clairons, le martèlement de la grosse caisse et le sifflement allègre des fifres d'une fanfare militaire. Décidément, il semblait qu'à l'Est de l'Europe, cette belle journée d'été fut vouée à la musique sous toutes ses formes.

D'ailleurs sur le chemin, les ovations de la foule massée de part et d'autre des avenues et mal contenue par une police locale débonnaire, les oriflammes blanc et rouge accrochées aux arbres et aux réverbères, les cloches carillonnant gaiement en signe de bienvenue, les uniformes de parade de l'escorte étaient bien la preuve d'une liesse officielle et populaire qui ne pourrait se clôturer que par un grand bal. Celui que le gouverneur offrirait ce soir à l'archiduc François-Ferdinand et sa femme. Le programme prévoyait que l'ouverture s'en ferait au rythme de la valse viennoise.

*

C'était pourtant un tout autre air de danse que la vingtaine de conjurés éparpillés dans la masse des spectateurs s'apprêtaient à jouer. Sicaires au service de l'expansionnisme panslave, ceux-là n'ambitionnaient pas moins que de commettre un acte aussi insensé que cruel afin de pousser les masses à se révolter contre la domination autrichienne et à appeler à l'aide le royaume voisin de Serbie, qui aurait ainsi l'opportunité de s'agrandir en les annexant au nom de la liberté et du choix des peuples. L'assassinat du futur empereur à Sarajevo ne pouvait qu'appeler une répression féroce de la part de Vienne. Ce qui ne manquerait pas de jeter la population dans le désespoir et la rébellion. Et c'est le premier acte de cette machination infernale qui allait se jouer alors que le cabriolet décapotable transportant le couple princier s'engageait sur le quai longeant la Miljacka.

Un bras se leva dans la foule... Pas pour saluer l'hôte impérial. Celui-là lançait une grenade. Le projectile ricocha fort heureusement sur le toit ouvrant de l'automobile à l'arrière de laquelle se trouvaient l'archiduc et son épouse. Roulant sous la voiture suivante, il explosa, blessant ses occupants et fauchant de ses éclats une vingtaine de badauds. Des cris de panique et de douleur s'élevèrent. La voiture impériale accéléra tandis que l'on se penchait sur ceux qui avaient été atteints. Quoiqu'ayant raté sa cible, Cabrinovic (c'était le nom de l'assassin maladroit) demeura étrangement impassible après que les agents de police l'eurent maîtrisé sans ménagement. Il savait que ce n'était que partie remise.

La société secrète Narodna Odbrana, la « Main Noire », dont il était un des affidés, avait parfaitement assimilé la technique meurtrière des nihilistes russes. Chacun des conjurés perdus dans la foule était armé. Et tous avaient juré sur la croix orthodoxe qu'en cas d'insuccès et quels qu'en soient les risques, ils prendraient autant de fois qu'il le faudrait la relève des camarades qui viendraient à échouer. Face à des attentats prévus en cascade, nul n'aurait donné bien cher de la peau de l'héritier des Habsbourg. Qui, croyant avoir échappé au pire, décidait après une brève halte à l'hôtel de ville de Sarajevo, dont le maire se confondait en excuses, d'aller visiter à l'hôpital les officiers de sa suite victimes de ce que l'édile appelait pudiquement « un malheureux incident qui ne demeurera pas impuni, Altesse ».

On repartit donc. Dans le même ordre et sans prendre de précautions. Assurés qu'un malheur arrive toujours seul, sans doute. Au premier rang des curieux massés à l'angle de la rue François-Joseph, Gavrilo Princip (le second tueur manipulé par les Serbes) sortit son révolver en voyant approcher le coupé. Ultime caprice du destin, un policier l'aperçut et tenta de lui arracher l'arme. Mais nul n'avait plus le pouvoir d'enrayer la progression tragique des événements. Un troisième conspirateur, qui se trouvait en arrière, assomma le fonctionnaire tandis que l'étudiant partisan du rattachement à Belgrade appuyait par deux fois sur la détente. La première balle blessa mortellement l'archiduc à la veine jugulaire. La deuxième frappa son épouse à l'abdomen. Sanglant, le couple impérial s'effondra sur la banquette arrière tandis que le chauffeur écrasait le champignon en direction de l'Hôtel-Dieu dans le vain espoir de sauver ceux qui ne pouvaient plus l'être.

*

« Ma chère, vous êtes la plus jolie danseuse que j'aie jamais tenue dans mes bras. » Tout en se laissant emporter aux accents du *Beau Danube Bleu* dans le grand salon de l'Hôtel Impérial, le plus chic de Kiev, Kyra sourit à l'homme qu'elle venait d'épouser : « Merci, Nicolas Alexandrovitch. Je vous trouve extrêmement bel homme également. »

Tout en pirouettant, Nicolas Alexandrovitch Séméniof fronça les sourcils. Il était de ces mâles qui estiment qu'une femme doit toujours demeurer sur sa réserve, ne jamais marquer de préférences quant aux choses du sexe et supporter toutes les contraintes conjugales en silence. Seules les putains pouvaient faire exception à cette règle, mais l'opinion des catins était sans importance. Elles ne sont rien et peuvent donc tout dire comme le fou du roi. Tandis que celle à laquelle il venait de donner le nom de comtesse Séméniovna... L'écartant à bout de bras sans cesser de tournoyer, il détailla la jeune personne avec laquelle il venait d'échanger les anneaux devant le pope. Le regard vert des yeux légèrement bridés à l'asiate (sans doute, le gène d'un lointain ancêtre, conquérant mongol) le regarda bien en face. L'examinant lui-même sans aucune pudeur. Un regard qui le mettait à nu jusqu'à l'âme dans son uniforme à épaulettes dorées de colonel de la Garde impériale. Séméniof fut saisi d'une brusque inquiétude alors que, partant de la longue chevelure noire encadrant un fin visage aux hautes pommettes des Slaves (ce qui, avec le trait physique précédent, prouvait que Kyra était un composé, un alliage particulièrement réussi des apports dont avait profité le peuple russe depuis Riourik le Conquérant jusqu'à Alexandre Nevski en passant par Gengis Khan), il contemplait la bouche sensuelle ; descendait jusqu'au buste svelte aux seins assurément un peu forts ; s'attardait sur la taille fine que sa main sentait sans corset sous la soie et achevait son examen en imaginant les jambes qu'il devinait ravissantes sous la robe de mariée virevoltante. Soudain face à ce qu'il réalisait être une « personnalité » et non l'oie blanche de province qu'il croyait avoir épousée pour sa dot, un doute l'assaillit. Aurait-elle déjà eu une aventure malgré son jeune âge ? Ou pire, une liaison ? Si cela était, il la tuerait. La toute neuve comtesse Séméniof dut deviner ses pensées, car elle eut un sourire quelque peu ironique : « Si c'est ce qui vous inquiète, mon cher mari, soyez rassuré. Je suis vierge. »

Le rouge de la honte monta au front de Nicolas Alexandrovitch, qui tourna vivement la tête vers les couples valsant dans les parages pour s'assurer que nul n'avait entendu cette répartie provocante et impudique lancée d'une voix claire en français. Ce qui n'était ni une précaution oratoire ni une garantie qu'elle ne fut pas comprise.

En effet, presque tous les invités parlaient cette dernière langue, qui faisait obligatoirement partie de l'éducation d'un membre de la « bonne société ». Le russe étant tout juste employé pour la vie courante. Car, quoiqu'implantées depuis des générations au sein de l'Ukraine après que la Grande Catherine eut distribué des fiefs à ses courtisans et à ses amants au XVIIIe siècle, ces familles nobles avaient conservé une mentalité d'immigrés et, pour la plupart, ne parlaient pas un mot de cet ukrainien qu'elles méprisaient en le trouvant tout juste bon pour la populace. Ce qui, même avec l'aristocratie de souche, et encore plus avec la masse, créait un ressentiment générateur d'un nationalisme qui n'attendait qu'une occasion de leur faire payer leur morgue aux descendants des envahisseurs moscovites. Donc, aux accents langoureux des violons de l'Hôtel Impérial, on était « entre nous ».

Cette union avait été arrangée par une lointaine cousine pétersbourgeoise, qui avait vu là l'occasion pour la riche famille des Titcherine, dont était issue l'épousée, de s'introduire dans les faveurs du tsar Nicolas II et de la tsarine Alexandra Feodorovna grâce à une alliance avec un quadragénaire journellement de service au palais Tsarskoïe Selo, résidence préférée des maîtres de la Russie. La dot d'un côté, les privilèges de l'autre.

C'est dire si la volonté et les espérances d'une enfant de dix-huit printemps avaient été de peu de poids dans la balance. Une présentation officielle devant l'aréopage familial, de rares entrevues conditionnées par la distance et les obligations militaires du colonel de la Garde et la chose avait été réglée en deux temps, trois mouvements : « Tu dis oui ou je vends French Cancan. » Belle envolée du paternel qui, cent ans auparavant, aurait été du style : « L'autel ou le couvent, ma fille. »

La séparation d'avec le pur-sang anglais qu'elle montait tous les jours et qui était son compagnon le plus proche avait paru à Kyra une épreuve insurmontable. Plutôt mourir. Alors, par rapport au trépas, le mariage lui était apparu supportable et elle avait accepté un époux jugé au premier coup d'œil antipathique afin de garder la monture si chère à son cœur. Quelques tours de valse de plus avaient permis à Séméniof d'entraîner l'impudente un peu à l'écart. Ce fut en russe qu'il comptait appliquer les anciennes traditions qui n'admettaient aucun écart de la part d'une femme mariée : « Si vous ne savez tenir votre rang ni votre langue, je saurais vous y contraindre. » Elle le défia : « Et comment, s'il vous plaît ? Par la cravache comme un *moujik* ? À moins que vous ne me fassiez défiler sous les baguettes tel un soldat. »

Cette punition (si cruelle qu'elle envoyait généralement à l'hôpital le malheureux conscrit qui en était l'objet après qu'il eut parcouru, dos nu, l'allée formée par ses camarades de régiment armés de badines sifflantes) fit ricaner le colonel : « Ça ne serait pas pour me déplaire. Mais vous donner en spectacle serait peu digne d'un gentilhomme. Je connais un autre moyen pour vous mater. » L'inquiétude envahit Kyra : « À quoi vous en prendrez-vous ? »

Nicolas Alexandrovitch la ramena tout contre lui sans cesser de tournoyer. Imposant par le rapprochement de leurs deux corps un désir de mâle que l'affrontement verbal avait éveillé. « Votre père m'a appris de quelle façon je pouvais vous rendre raisonnable. Désobéissez-moi et je cède French Cancan au premier venu, son emprise se fit encore plus étroite autour de la taille de sa cavalière. J'espère que vous saurez me prouver dès cette nuit tout l'amour qu'une épouse dévouée doit à son mari. »

Ils revenaient au centre de la piste, rejoignant le frou-froutement des robes longues et les glissements rapides des souliers vernis sur le parquet ciré. Quelqu'un entra dans la salle de bal et vint murmurer quelque chose à l'oreille du géniteur de la mariée.

Victor Andrévitch Titcherine arbora un air stupéfait avant de s'approcher du premier violon. Il y eut une seconde messe basse, dont la conséquence fut que, sur un signe de l'archet du musicien, le *Beau Danube Bleu* s'interrompit brutalement. Les danseurs également, sauf un couple, sur sa lancée, qui tourbillonna encore un instant dans le silence avant de s'immobiliser en tanguant. La femme balbutia, une main sur les yeux : « Ça tourne... » Sévère, Titcherine lança : « Je vous en prie, il prit une voix solennelle qu'une forte émotion faisait un peu trembler. Mesdames, messieurs, mes amis, mes compatriotes, je crois que notre Sainte Russie est à la veille d'entrer dans une ère héroïque, il détache soigneusement les mots pour leur donner plus de poids. Un télégramme officiel vient d'annoncer que l'archiduc héritier de la couronne d'Autriche-Hongrie a été assassiné à Sarajevo. La Serbie s'attend à être attaquée. Nous ne laisserons pas écraser nos frères slaves. » S'étant mis instinctivement au garde-à-vous, tous les hommes présents crièrent : « Hourra ! Dieu protège le Tsar ! » Ce qui, en smoking, parut quelque peu déplacé à Kyra enfin libérée du bras qui l'enserrait.

Les instruments de musique attaquèrent l'hymne national. Toutes les voix en chœur le reprirent avec ferveur. Quoi qu'impeccablement raide dans son uniforme à épaulettes dorées, Séméniof ne chantait pas. Dédaigneux sans doute de l'enthousiasme patriotique de ces civils qui ne tarderaient pas à apprendre que les batailles se gagnent dans la boue, la sueur, le sang et la merde. Kyra ne put s'empêcher de l'interroger : « Allons-nous avoir la guerre ? » Une note de gaieté narquoise souligna la réponse de Nicolas Alexandrovitch : « Ma chère, je crains fort que notre lune de miel ne se trouve très écourtée. »

*

La silhouette avançant d'un bon pas sur le chemin menant de Borispol au shtetl[1] de Krasnoïa avait tout à la fois quelque chose de risible et de pathétique. Comique parce qu'elle semblait bien peu adaptée au décor des pâtures grasses, où les

---

1. Village russe ou polonais exclusivement habité par des juifs.

vaches levaient un mufle humide et ruminant à son passage, à la profondeur ombreuse des bois feuillus, à la mosaïque des parcelles cultivées. Une lévite noire, des brodequins cirés, des bas blancs que découvrait un pantalon d'homme trop court. Et couronnant le tout, le chapeau rond à larges bords d'où tombaient les deux papillotes rituelles encadrant un mince visage d'adolescent. Dans cette apparence de citadin aux champs, il y avait de l'incongru tant cette « élégance » n'était d'aucune mode et par là paraissait venir d'une autre planète que celle des paysans forts en gueule, en bottes, blouse et casquette, qui s'arrêtèrent un instant de faucher pour crier dans son dos : « Eh, va donc youpin ! »

L'émouvant du personnage ainsi apostrophé et qui s'en ficha provenait de deux détails. Tout d'abord, sous le rebord de la coiffure, le regard des yeux noirs, qui lui mangeaient le visage. Secundo, un étui à violon se balançait à son bras. Instrument dont on pouvait se demander quelle utilité il pouvait revêtir dans un univers où la difficulté de gagner son pain du matin au soir ne devait avoir que faire de la sonate et du rondo. Bien sûr, celui dont il battait la jambe aurait pu être un de ces musiciens qui marchent en tête des noces avant de leur faire danser la polka. Mais l'aspect même de l'individu, qui était celui de tous les étudiants de la yeshiva[2] dont les yeux sont condamnés à s'user sur la lecture du Talmud, et

2. Collège rabbinique.

l'aura de sérieux qui en émanait contredisaient la possibilité qu'il eût pu être un simple violoneux. Quant à ceux qui auraient mis en doute la nécessité d'une musique qui ne soit pas essentiellement légère (donc destinée à faire oublier les soucis du moment), ceux-là se seraient attiré cette réponse : « Si trente-six Justes suffisent à sauver le monde, un seul Mozart le rend si mélodieux qu'il en devient le paradis. »

Tel était Mendel Flüssvogel. Tout à la fois pétri d'orgueil d'être issu du peuple élu, mais ne croyant pas qu'il suffisait de lui appartenir pour s'estimer d'essence supérieure ; un personnage rempli d'humilité devant tout ce qu'il avait encore à apprendre et pourtant certain d'en savoir déjà beaucoup plus que bien d'autres. Bref, un être fait de certitudes, de contradictions, de confiance en son talent sans cesser de se questionner sur le bon chemin à prendre pour servir au mieux ce don de Dieu. Un caractère qui pourrait paraître bien austère s'il n'était tempéré par cet humour juif qui s'entend si bien à tourner en dérision celui-là même qui le manie et qui, de tout, « se dépêche d'en rire, de peur d'avoir à en pleurer ».

Et c'était ce même Mendel Flüssvogel qui avait tiré du violon (racheté quelques années plus tôt à un tzigane de passage en mal de vodka) ces dons si *brillantissimo* qu'ils avaient captivé l'alouette lors de sa halte sur le rebord d'une fenêtre du ghetto de Borispol. Ce qui, sur cet instrument qu'il fallait bien qualifier de crincrin, était un exploit qui laissait bien augurer de la qualité du violoniste si ce dernier avait un jour la chance de promener son archet sur les cordes d'un Stradivarius, d'un Amati ou d'un Guarneri.

Ambition d'une mère juive qui paraissait en la circonstance de la pure folie. Autant s'imaginer qu'il n'y avait qu'à se baisser pour ramasser des pépites d'or dans la boue du shtetl. Dans un demi-siècle, alors qu'en Russie ou en Pologne, tous ces villages auront été rasés et leurs habitants envolés en fumée, on les sublimera, trouvant dans le rappel mélancolique du passé et le pittoresque d'une misère acceptée une vision idyllique d'un temps où les juifs vivaient entre eux.

Mais en cette année 1914, Mendel, en atteignant Krasnoïa, ne vit que des ruelles tourmentées comme un argument talmudique. Une soixantaine de bâtisses en bois couvertes de bardeaux s'alignaient de part et autre de ce lacis. Des querelles de femmes autour du fourneau s'en échappaient. Et aussi les malédictions qu'elles lançaient aux enfants dissipés. Anathèmes aussitôt regrettés, que les jeteuses de sorts tentaient d'annuler par des démonstrations de tendresse excessive envers les marmots turbulents. Tout cela d'une voix criarde qui mettait tout le voisinage et les passants au courant des vicissitudes de la vie domestique.

Rachel Flüssvogel n'échappait pas au sort commun. La quarantaine bien en chair, perruquée à l'instar de toutes les épouses des hommes pieux, la mère de Mendel étalait ses malheurs en public avec complaisance ; mettait par contre la pédale douce quand il s'agissait d'une bonne nouvelle afin de ne pas la gâcher en attirant le mauvais œil par une satisfaction trop manifeste ; et, yiddishe mama[3] avant tout autre chose, clamait sur les toits que son rejeton adoré avait du génie. Plus d'une fois, son fils avait tenté de la raisonner : « Mamèle... je ne suis pas un "grand" violoniste. » Mais rien à faire. Inébranlable dans sa foi envers les hautes destinées artistiques auxquelles son garçon était promis, la matrone avait répondu : « Mais tu le deviendras, mon fils. Alors, le dire aujourd'hui ou plus tard, quelle différence ? »

Subtilité digne d'un commentateur des Écritures pour qui le temps, uniquement dévolu à la prière et à l'étude, n'a que l'importance que veulent lui accorder les autres. Mais ne réalisant pas à quel point elle rejoignait dans la casuistique les docteurs de la loi, la bonne femme ajoutait, soudain beaucoup plus prosaïque : « Reprends du tcholent, Mendel. Il te faut devenir grand et fort pour bien tenir l'archet. »

Comme s'il fallait la force du géant Samson pour accéder à la gloire des virtuoses ! Mais se résignant et quoique déjà gavé, l'enfant avalait une assiettée supplémentaire de ragoût de mouton aux gros haricots cuits dans la graisse qui

3. Mère juive.

avait mitonné une dizaine d'heures sur le feu. S'y refuser, c'était voir le concert laudatif se transformer en une séance de lamentations : « Malheur de moi ! Qu'ai-je fait au Ciel pour avoir un garçon qui refuse la nourriture que son père s'échine à lui gagner ? »

Coltineur de tonneaux de harengs marinés, Jacob Flüssvogel se contentait d'écouter ces jérémiades sans y participer. Le vrai chef de famille étant en jupons. Lui filait doux, heureux que le modeste intérieur soit toujours impeccablement propre, la cuisine savoureuse et les bougies du shabbat allumées lorsqu'il rentrait de la synagogue le vendredi soir. Pour le reste il s'en remettait à celle qui régentait le ménage.

Ainsi s'était déroulée l'existence de Mendel depuis qu'il avait atteint sa sixième année. « Celle du miracle », affirmait Rachel. Qui s'était produit lors des épousailles de Fêla, la fille aînée. Alors que le violoniste engagé pour animer le bal avait été invité à faire la pause devant une part de *gefilte fish*[4] arrosé d'un verre de schnaps, le gamin s'était approché de l'instrument de musique déposé sur une chaise. Sa petite main s'était emparée de l'archet tandis que, de l'autre, il appuyait la caisse entre son épaule et son menton comme il l'avait vu faire les joueurs de valses et de polkas. Jusque-là, il n'y avait que singerie enfantine. Mais le prodige fut la qualité du son

4. Carpe farcie à la juive.

que son poignet tira du violon lorsque la baguette tendue de crins frotta sur les cordes.

Chacun sait, pour les avoir subies, à quel point les notes tirées de ce genre d'instrument par un débutant peuvent être discordantes et douloureuses à l'oreille la moins musicale. Si le piano ou la harpe demeurent mélodieux, quels que soient les balbutiements de celui qui s'y essaie, le violon ne pardonne rien. Chaque trait est pire que le grincement d'une girouette rouillée dans le grand vent. Pourtant là, à la stupeur générale, l'enfant jouait « juste ». Au point que celui dont il avait emprunté le gagne-pain prit Rachel à part afin de lui conseiller de donner un professeur au petit : « Je vous prédis qu'il ira loin, *Fraü*[5] Flüssvogel. Que Dieu le bénisse. »

Abandonnant alors l'ambition de faire de son fils un de ces rabbins que l'on vient consulter pour sa grande érudition et sa sagesse depuis des verstes à la ronde, l'interpellée avait décidé qu'il serait un virtuose international appelé à jouer même en Amérique, cette nouvelle terre promise des israélites d'Europe orientale.

C'est ainsi que, depuis plusieurs années, Mendel se rendait une fois par semaine à Borispol afin de prendre sa leçon avec *Reb*[6] Hersch. Aujourd'hui dans la soixantaine, *Reb* Avrom

5. Madame.
6. Monsieur.

Hersch aurait pu être l'un de ces artistes qui donnent des concerts en habit à queue de pie. Il en avait la qualité essentielle : celle de ne jamais sacrifier la musicalité d'une œuvre à la virtuosité de l'exécutant. Mais pour avoir l'occasion de s'incliner devant un parterre choisi d'admirateurs fervents, il lui aurait fallu le courage de s'éloigner du ghetto, endroit où il était tout de même difficile d'obtenir la consécration. Hélas pour lui et la musique, il n'avait jamais pu se résoudre à ce qui aurait été un déchirement tant il aimait par-dessus tout les rues grouillantes, lieu d'interminables palabres en yiddish, les *luftmenschen*[7] qui allaient nez au vent, la joyeuse promiscuité des appartements dont la porte d'entrée n'était jamais fermée, les odeurs de harengs et de cornichons aigres qu'exhalaient les tonneaux de l'épicier, les tisseurs de taleths qui chantaient toscan en tirant les franges de soie des châles de prières, les fenêtres illuminées par les petites flammes vacillantes du shabbat et l'employé des bains municipaux qui parcourait les rues du quartier juif, le vendredi, brandissant un balai de branches de bouleau et criant : « Juifs, il est temps d'aller faire vos ablutions ! »

D'ailleurs, mieux valait se montrer réaliste. Loin du creuset natal, son interprétation des œuvres classiques n'était plus la même. Mozart devenait mécanique. Et son Beethoven sentait la technique. Comme si le fait de jouer devant des *goyims*[8] (cela lui était arrivé alors qu'il croyait faire encore

7. Littéralement, « hommes de l'air ».
8. Les chrétiens.

une carrière de concertiste) lui avait ôté une partie de ses moyens : « J'aurais aussi bien pu pisser dans mon violon. » En effet, car il lui suffisait de rentrer au bercail pour que son archet retrouve de la sensibilité et des couleurs. À croire que le ghetto lui avait jeté un sort.

Alors, s'avouant vaincu par des forces occultes, *Reb* Hersch s'était résigné à établir le magister d'une pléiade d'enfants dans lesquels, à l'instar de Rachel Flüssvogel, leurs géniteurs voyaient autant de virtuoses en herbe.

Hélas, les élèves qui auraient pu montrer les qualités d'un Joseph Joachim, petit prodige qui stupéfia Mendelssohn à l'âge de sept ans, ne couraient pas les rues. Même celles dans lesquelles il se trouvait confiné en compagnie de ses coreligionnaires. Et, quelles que fussent les qualités artistiques que développent, dans l'âme du peuple élu, l'extrême réceptivité au malheur, le rêve prophétique et le sens du merveilleux et de l'abstrait qui échappent à toutes contraintes, il n'en avait pas pour autant le pouvoir de fabriquer à la chaîne des musiciens exceptionnels.

Et pourtant, il y en eut un : Mendel Flüssvogel. Dès que le gamin eut commencé à apprendre, le professeur, au *summum* du bonheur, subodora en lui toutes les potentialités violonistiques d'un interprète de premier ordre. Encore fallait-il les développer pour en faire un grand. C'est à quoi, au fil des années, il s'employa obligeant l'enfant à travailler jusqu'au supplice. Tout aussi intraitable, Rachel était au logis, veillant à ce que pas une minute ne soit volée pour l'amusement aux heures de gammes sempiternelles, à la répétition à l'infini de tel passage difficile, à la mémorisation jusqu'à l'écœurement d'une partition. Au point que certains habitants du shtetl, hésitant entre la pitié et l'exaspération, faisaient un détour afin de ne plus entendre ce violoniste qui semblait condamné à son instrument comme Sisyphe à son rocher. Tout cela pour en arriver à ce 28 juin 1914 où, après que son élève eut atteint la presque perfection dans l'*Adagio du Concerto* de Niccolo Paganini, *Reb* Avrom Hersch en vienne à conclure : « Ce sera ma dernière leçon, Mendel. Je n'ai plus rien à t'apprendre. Maintenant, il te faut aller passer une audition à Vienne devant mon ami, Fritz Kreisler, qui je l'espère voudra bien à son tour prendre ma relève. Je t'ai préparé une lettre pour lui et ta mère est d'accord. »

Et c'est donc muni d'un précieux viatique, une recommandation pour le premier violon du plus célèbre quatuor à cordes européen, que l'adolescent venait de franchir le seuil de la masure de Krasnoïa, la tête bourdonnante d'impatience et de projets d'avenir. Que partageait celle qui lui avait donné le jour, à tel point qu'elle était déjà en train de lui préparer sa valise. Posant sur les chemises, le châle de prières et les phylactères afin que même au loin il n'oublie pas ses devoirs religieux : « Moshe le charretier va te conduire à la gare de Kiev. Il te prendra un billet de chemin de fer pour Vienne via

Varsovie. Là-bas, tu logeras chez une cousine du beau-frère de Féla qui a ouvert un café, Taborstrasse.

Tout était donc prévu et il n'y avait plus qu'à se dire adieu. Émus, la mère et le fils se regardèrent par-dessus le bagage qui annonçait que l'hirondelle allait quitter le nid. Ignorant qu'un événement fatal venait de se produire à des centaines de kilomètres de là qui allait remettre ce beau plan en question et rogner les ailes de leur ambition. Un instant encore, le destin les laissa rêver à un avenir merveilleux. Sachant que son rejeton aurait bien du mal à respecter toutes les règles pieuses dans une métropole cosmopolite, Rachel eut encore le temps de lui demander : « Jure-moi que tu ne fumeras jamais une cigarette le samedi. »

Comme si l'herbe à Nicot pendant le shabbat était l'ultime rempart contre une assimilation dont on disait que beaucoup de juifs se rendaient coupables en Autriche, en Allemagne ou en France afin de ne plus se différencier des chrétiens. Elle aurait aimé aussi le mettre en garde contre les *shikses*[9], mais l'enfant n'avait encore que quatorze ans. Puis ce ne sont pas des choses dont parle une femme convenable.

Grave, Mendel dit : « Je te le promets, *mamèle.* » À ce moment, Jacob entra dans la maison et lança : « Il ne peut

9. Les non-juives (suspectées de toutes les tares justement parce qu'elles ne sont pas juives).

plus partir. » Mains sur les hanches, la matrone lui fit face : « Et pourquoi donc, *Reb* Flüssvogel ? Tu ne veux donc pas que ton fils devienne un grand artiste ? » Le coltineur de barriques eut un haussement d'épaules résigné : « Je ne demanderais pas mieux, ma femme... Mais c'est l'empereur d'Autriche qui s'y oppose... Son héritier vient d'être assassiné dans une ville appelée Sarajevo. Et selon les bruits venant de Kiev, notre tsar Nicolas II, que le diable l'emporte, va déclarer la guerre à la cour de Vienne pour l'empêcher de s'en prendre aux assassins serbes. »

19

19

La Russie est en proie à la guerre civile depuis la révolution d'Octobre 1917. Blancs et Rouges s'affrontent en Ukraine, en Crimée, aux confins des Pays baltes et tout au long du Transsibérien…

Chapitre 2

Sous les verrières du hall tout en longueur, où l'on respire en permanence de la poussière de coton, les machines poussèrent un long soupir. Les centaines de broches cessèrent aussitôt de tourner comme des totons. Une sorte de silence succéda au vacarme. Le dos rendu douloureux par dix heures de travail ininterrompu, les ouvrières essuyèrent d'un même geste machinal leurs mains grasses d'huile de croton dans un chiffon et échangèrent enfin quelques phrases. Ce que, jusque-là, le bruit des pistons et des bobineaux avait rendu impossible.

« Tu vois, camarade, que ce soit sous les tsars ou sous les prolétaires, nous, les femmes, faut toujours qu'on se crève à l'ouvrage. » Tout en reposant le carré d'étoffe souillé, Kyra se garda bien d'approuver sa voisine, une femme entre deux âges au regard comme délavé par les lessives. Ça pourrait être une provocatrice. Depuis que les Rouges avaient reconquis Kiev en février, ceux-ci pullulaient, et une dénonciation de leur part vous envoyait tout droit recevoir sans jugement une balle dans la nuque dans l'une des caves de la Tchéka, la police politique des bolchéviques qui avait remplacé l'Okhrana tsariste.

Elle se montra volontairement sévère : « Si nous travaillons toujours aussi dur, camarade, c'est pour que l'avenir, lui, soit radieux. Maintenant, les machines appartiennent au peuple, plus à ceux qui l'oppressaient. » *In petto*, elle se félicita d'avoir su si rapidement apprendre le langage du nouveau pouvoir. L'autre bougonna : « Ben moi, j'aimerais bien que demain, ce soit déjà aujourd'hui. » Intérieurement, Kyra donna raison à ce bon sens populaire. Tout en sachant qu'il n'avait plus cours dans la Russie de 1919, où seule la haine était en vogue entre le Dniepr et l'Oural. Que d'événements s'étaient déroulés depuis ce jour de juin où la nouvelle de l'attentat de Sarajevo avait fait l'effet d'une bombe dans le grand salon de l'Hôtel Impérial !

Jeune fille, Kyra était devenue femme pour se voir prier, commander plutôt, d'éviter de se conduire d'une manière scandaleuse en attendant qu'entre deux batailles son époux s'en revienne jouir du repos du guerrier. En effet, le colonel Séméniof avait rejoint son régiment au matin même de la nuit de noces, qui n'avait laissé à sa jeune épouse qu'un goût de « revenez-y » tant elle avait été écourtée. Et c'était bien parce qu'il avait pu vérifier que cette dernière était bien la digne héritière du sang chaud des Titcherine (dont l'aïeul avait été anobli par la Grande Catherine uniquement pour ses prouesses sexuelles) que Nicolas Alexandrovitch s'était inquiété de lui garder la bride sur le cou en la laissant à Kiev aux bons soins d'un père qu'il savait sévère. Il recommanda de plus qu'on ne la laissât pas postuler au rôle d'infirmière bénévole. Il savait d'expérience combien un blessé convalescent, surtout s'il a été héroïque, peut se montrer séduisant. En un mot comme en cent, il était jaloux.

Ensuite, il y avait eu la succession des victoires annoncées par les cloches sonnant à toute volée, et le glas des défaites face aux Allemands et aux Autrichiens jusqu'à ce que la révolution triomphe à Saint-Pétersbourg en 1917 et que le tsar abdique. République éphémère minée par les bolchéviques, qui s'étaient emparés du pouvoir dans les journées d'Octobre. Cependant, les soldats avaient déjà commencé à déserter le front après avoir mis la crosse en l'air et fusillé les officiers qui les suppliaient de régler d'abord son compte à l'ennemi étranger avant de s'en prendre à leurs frères russes. La guerre civile avait éclaté.

Rouges contre Blancs. Du nord au sud, d'ouest en est, le pays fut à feu et à sang. Livré à des armes partisanes qui ne connaissaient aucun quartier. Quel que soit le camp choisi, la mort, la dévastation et, accessoirement, le pillage et le viol s'appliquèrent à l'adversaire vaincu. Et demeurer à l'écart d'une zone de combat n'était pas un gage de sécurité. Sur les arrières des bolchéviques comme de leurs antagonistes régnaient la terreur et la délation. Un mot rapporté, des liens découverts avec ceux du bord opposé, un simple soupçon suffisaient à vous envoyer *ad patres* sans cérémonie. Il semblait aux gens demeurés raisonnables dans le secret de leur esprit que l'humanité soit devenue folle.

Au cœur de ce chaudron du diable, la ville de Kiev avait vécu une période de paix relative grâce à l'occupation allemande. Non pas que la morgue des junkers au casque à pointe eût été pesante, et les réquisitions, lourdes. Mais, préoccupés de maintenir l'ordre avant tout afin de ne pas avoir à distraire des troupes du front occidental où les armées du Kaiser affrontaient les Américains en plus des Français et des Anglais, ces nouveaux maîtres évitaient tous les excès qui auraient pu entraîner des troubles.

La signature de l'armistice du 11 novembre 1918, qui avait vu le reflux des Teutons vaincus vers la mère patrie (elle-même agitée de soubresauts révolutionnaires), détruisit ce fragile équilibre.

L'hetman Petlioura était alors entré dans la cité à la tête de ses Cosaques. Les cloches de Sainte-Sophie sonnèrent joyeusement pour proclamer l'avènement d'une Ukraine indépendante. Les cavaliers du Don pendirent quelques juifs aux réverbères en signe d'allégresse et défoncèrent de nombreux tonneaux de vin de Crimée et de vodka à même la rue.

Tant que dura la période allemande et celle plus courte de l'hetman, les Titcherine vécurent comme si la Grande Russie qu'ils avaient toujours connue ne se dérobait pas sous leurs pieds. Imaginer l'entrée des bolchéviques à Kiev leur serait apparu comme une profanation. D'ailleurs leur vie fut même plus gaie qu'auparavant. Éloignée des plaisirs de Moscou et des fastes de Saint-Pétersbourg, la cité méridionale respirait auparavant un parfum provincial. On s'y ennuyait ferme entre deux bals annuels de la noblesse et les fêtes carillonnées. L'arrivée d'un exode fuyant les Rouges changea tout cela.

Avec l'afflux des banquiers (qui avaient cousu leurs titres dans la doublure de leur pelisse), des propriétaires terriens chassés par les moujiks, des rentiers, des officiers de toutes armes et tous grades n'ayant plus de régiments, des ténors d'opéra, des comédiens et des premières étoiles de ballet répugnant à se produire devant la classe ouvrière et, en queue de peloton, des femmes entretenues, qui sont les parasites indispensables de toute bourgeoisie, Kiev s'était littéralement mis à vibrionner. Ce ne fut plus que soirées, cercles de jeu acharnés jusqu'à l'aube où des diamants surgis des ourlets changeaient de main sur le tapis vert, bal nocturne au son des violons tziganes qui faisaient pleurer la clientèle sur son patrimoine envolé avec les coups de canon du croiseur *Aurora*, qui avaient signifié la chute de la « maison capitaliste ».

*

Kyra avait vécu ces époques successives dans l'insouciance d'une jeunesse qui se dit : « Qui vivra, verra. » Dès août 1914, le colonel Séméniof s'était retrouvé prisonnier des Allemands après la bataille de Tannenberg, qui avait vu l'offensive russe en Prusse-Orientale se transformer en désastre à la suite de l'incurie d'un état-major qui n'avait même pas su prévoir le ravitaillement en pain et munitions de l'armée. Un compagnon d'armes de Nicolas Alexandrovitch rapporta avoir aperçu ce dernier entre deux uhlans prussiens après le suicide du général en chef Samsonov. Auquel d'ailleurs la *Stavka*[10] s'était empressée de faire porter le chapeau d'une défaite que le moindre stratège en chambre aurait considérée comme inévitable. Les morts ne peuvent présenter leur défense. Des messes furent dites pour le repos des âmes de nos héros et *Que Dieu sauve le Tsar* fut entonné.

Si la juvénile comtesse Séméniovna avait ressenti un réel chagrin à l'annonce du revers militaire que venait de subir la patrie, l'absence d'un mari avec lequel elle n'avait passé

10. Police secrète de la Garde impériale.

qu'une unique nuit ne lui avait laissé que peu de regrets. Par contre, l'avait profondément agacée l'obligation imposée par Victor Andrévitch Titcherine de ne paraître en public que de gris vêtue, quelle que soit la saison, sous prétexte qu'elle était la femme d'un soldat enfermé derrière les barbelés teutons. Comme si la renonciation à toute coquetterie pouvait changer le sort d'un homme dont, dans son for intérieur, elle pensait qu'il s'était laissé faire aux pattes. Et elle lui en tenait d'autant plus rigueur que la seule expérience charnelle vécue ensemble lui avait laissé un besoin du plaisir des sens ainsi que des fantasmes amoureux impossibles à assouvir sous la surveillance constante d'une famille qui se glorifiait d'une demi-veuve faute de pouvoir en arborer une en grand deuil.

*

Mais l'Ukraine indépendante n'était qu'une république en carton. Un décor de théâtre. Et une nuit, d'opérette d'Offenbach, l'atmosphère vira au drame shakespearien. Au matin, l'hetman et ses Cosaques avaient pris la poudre d'escampette en ayant pris la précaution d'encapuchonner de chiffons les sabots de leurs montures pour ne réveiller personne dans leur fuite vers le sud. C'est alors que les bolchéviques attaquèrent par le nord. Dans la campagne gelée, il ne restait plus qu'un mince rideau de défenseurs. Une poignée d'officiers nobles que la nécessité avait rétrogradés au rang de simples soldats puisque le peuple ne voulait plus servir de chair à canon.

Avec celui de Kiev, le sort de Kyra se décida tandis que le dernier carré d'ex-capitaines ou lieutenants mourait courageusement sous les flocons de neige que le tir des mitrailleuses semblait détacher du ciel bas. En découvrant la disparition soudaine des sentinelles en bonnet de fourrure et cartouchières argentées sur la poitrine, les nantis furent pris de panique. Épouvante qui ne fit que grandir au fur et à mesure que le bruit des combats se rapprochait des faubourgs, où les révolutionnaires clandestins commençaient à montrer le bout du nez. On boucla les valises après avoir recousu pièces d'or et diamants dans la doublure des pelisses. Se montrant pour une fois (il fallait bien sauver leur peau) à la hauteur de la situation, quelques bourgeois forcèrent le chef de gare à faire mettre une locomotive sous pression. Un révolver sur la nuque, le conducteur et le chauffeur comprirent de quel côté était leur intérêt. Ce fut la ruée vers le train de la dernière chance. Les Titcherine étaient au nombre des fuyards. Sans leur fille.

Au dernier moment, Kyra vit dans cette situation presque désespérée un moyen de secouer le joug familial et, uniquement préoccupée de conquérir son indépendance, se refusa à envisager le sort que les prolétaires vainqueurs pouvaient faire subir à une jeune femme du meilleur monde. Il est vrai qu'elle n'était pas exempte de cette part de fatalisme qui est le lot de tout Slave. Résignation qui lui avait fait accepter au début de la guerre la réquisition de son cher French Cancan par les services de remonte de l'armée sans pleurs inutiles.

Nitchevo. Littéralement : « C'est ainsi. » Nul n'y peut rien. Le fringant pur-sang avait dû finir le ventre à l'air, dans un nuage de mouches, sur quelque champ de bataille de Prusse ou de Galicie. Cette fois, au sein du sauve-qui-peut général, celle qui avait été sa maîtresse fit preuve de la même passivité. Tout au moins apparente, car il s'agissait en fait de résolutions. Cela mit Victor Andrévitch hors de ses gonds : « C'est de la folie furieuse ! Tu seras livrée à la soldatesque. Les bolchéviques feront de toi leur putain. » Kyra s'était contentée de répéter : « Je ne pars pas. »

La machine haut-le-pied hululait au loin comme pour presser les retardataires. Madame Titcherine gémissait : « Que dirons-nous à ton mari quand nous le reverrons ? » Leur fille avait haussé les épaules : « Rien n'est moins sûr. » Son interlocutrice avait alors pleurniché : « C'est la fin du monde. » Ça y ressemblait en effet à voir par la fenêtre tous ces gens en manteau de zibeline ou en pelisse d'astrakan qui couraient vers la gare encombrée de bagages. Une valise s'étalait malencontreusement ouverte, dégorgeant sur le bitume un corset rose et des dentelles intimes. Trop pressée, sa propriétaire ne s'était pas attardée à ramasser son bien.

À son exemple, Victor Andrévitch, sur des charbons ardents, avait conclu : « À ton aise. Quand on fait son lit, on se couche. » Un instant plus tard, sa femme et lui avaient rejoint le flot de ceux qu'affolait l'arrivée des Rouges.

*

Et le plus extraordinaire fut que cette décision, qui avait paru sur le coup presque démente tant elle était grosse de risques majeurs, soit celle qui sauva la vie de Kyra. En effet, le convoi transportant ceux qui avaient fui la capitale de l'Ukraine fut stoppé sur le chemin du Kouban par des troncs d'arbres mis en travers des rails par un parti de Cosaques déserteurs des deux camps. Une de ces bandes armées conduites par un gibier de potence sorti de prison à la faveur des troubles, dont le seul idéal était de se remplir les poches et de se livrer à des orgies.

Les malheureux voyageurs furent alignés tout au long de la voie ferrée et détroussés. Puis les cavaliers hirsutes, puant le tabac, la malpropreté et l'alcool, s'amusèrent avec les femmes les plus jeunes et les plus avenantes sous les yeux mêmes de leurs époux. Qui crurent à tort qu'ils se remettraient du déshonneur puisqu'il était collectif et que la vie en effacerait la trace. Mais pour cela, il eût fallu qu'il ait été dans l'intention des brigands de la leur laisser. Ce qui (ils le réalisèrent aussi vite) n'était pas le cas.

Alors que les infortunées qui venaient de subir le viol regagnaient le rang en rajustant tant bien que mal leur mise déchirée, le chef de la bande éleva la voix, dominant les pleurs des victimes grandes ou petites, les rires paillards de ses soudards et le halètement régulier de la locomotive qui achevait de consommer les dernières pelletées de charbon : « C'est pas qu'on vous en veut. Mais impossible de laisser derrière nous des témoins qui pourraient nous porter tort le jour où il y aura à nouveau des juges. »

Il leva un bras. Une télègue montée sur patins vint se placer à une extrémité de la file terrorisée. Avec une inconscience frisant la naïveté, le Cosaque en rupture de ban ajouta : « Pardonnez-nous, chrétiens. » Faisant par-là preuve de cette subtile perversité de l'âme russe qui voudrait tout à la fois pouvoir faire le mal et être aimée quand même.

Avançant avec lenteur, la charrette traça deux sillons parallèles sur la neige gelée. Assis en tailleur derrière sa mitrailleuse Maxim montée sur un trépied, le tireur sema la mort au fur et à mesure de sa progression. Femmes, hommes et enfants piquèrent du nez sur la blancheur de la terre recouverte par l'hiver. Même les cheminots ne furent point épargnés. Ce fut d'ailleurs par leurs collègues que la ville investie apprit quel avait été le sort de ceux qui avaient cherché leur salut dans la fuite.

Kyra n'eut guère le loisir de s'interroger sur ce qu'avaient dû être les dernières pensées de Victor Andrévitch et de son épouse. Un signe de croix fut leur unique oraison funèbre. Montrer un chagrin trop apparent à propos de la disparition de ceux qui l'avaient mise au monde aurait risqué de l'envoyer les rejoindre dans l'autre.

En effet, à peine les soldats à la coiffure à oreillettes frappées de l'étoile rouge avaient-ils pris la relève des Cosaques en bonnets de fourrure de l'hetman que les mouchards se mirent à l'œuvre. Dans le nombre se trouvaient les bolchéviques qui avaient eu tout le loisir d'établir des listes de suspects pendant leur clandestinité. Il est sans doute admissible qu'une opinion tranchée veuille faire table rase de tous les opposants (qui ne demanderaient d'ailleurs qu'à lui rendre la pareille). Mais comment absoudre la légion des envieux ravis de faire payer à d'autres un bonheur ou une fortune qui les faisaient bisquer depuis longtemps ? Ou des ennemis jurés acharnés à se calomnier jusqu'au poteau d'exécution ? Ou, plus méprisables encore pour Kyra, ces gens du monde prompts à dénoncer ceux qu'ils côtoyaient la veille sur le parquet ciré des salons afin d'obtenir l'indulgence des nouveaux maîtres ?

Réalisant que le nom des Titcherine était connu comme le loup blanc, celle que son entêtement avait déjà sauvée une fois décida de ne plus faire dorénavant état que du patronyme acquis par le mariage : Kyra Séméniovna. Bien entendu, en faisant passer à la trappe le titre de comtesse qui, de hochet de la vanité, n'était plus aujourd'hui que la preuve d'une appartenance à une classe sociale condamnée. Et en espérant que la très fugace présence de Nicolas Alexandrovitch Séméniof à Kiev pour ses noces n'avait pas frappé certains esprits au point qu'ils puissent s'en souvenir et signaler à la Tchéka l'existence de sa jeune épouse.

Ensuite, pour mettre toutes les chances de son côté, Kyra échangea sa toilette dernier cri contre une petite robe sans âge et un manteau passé trouvés dans la chambre d'une servante partie boire et danser avec ceux qui l'appelaient : « Camarade ». Puis ayant fait un maigre baluchon des quelques autres effets qui s'y trouvaient, elle quitta l'hôtel particulier des Titcherine sans esprit de retour et, après avoir traversé les ponts du Dniepr, s'enfonça dans les faubourgs ouvriers. Elle pensait pouvoir y vivre incognito en se faisant passer pour une étudiante bloquée dans Kiev par les événements. La vieille femme qui lui loua une soupente ne se montra pas trop curieuse. Sa seule préoccupation était de toucher le loyer à l'heure dite. Assise sur la paillasse de l'étroit lit de fer, Kyra réalisa alors que le seul projet d'avenir raisonnable était celui de durer. Elle avait l'impression d'atterrir dans un autre monde.

Noircis par les fumées des nombreuses usines de la périphérie, les immeubles délabrés flanquaient des rues fangeuses où l'on voyait souvent courir des rats. Du linge usé par trop de lessives séchait sur les paliers. Tandis que l'on s'empiffrait d'esturgeon et de blinis de l'autre côté du fleuve, les autorités ne s'étaient guère attachées à fournir le minimum vital aux travailleurs considérés comme des révolutionnaires en puissance. Et la victoire des Rouges n'y changea pas grand-chose. L'approvisionnement des combattants était prioritaire. Que les civils se débrouillent. Même l'air était empesté par les tuyaux des mauvais poêles qui passaient par des trous pratiqués dans les vitres. Le charbon étant introuvable, on y brûlait n'importe quoi.

Et pourtant, malgré cette débine, le peuple chantait, riait. Des airs d'accordéon s'échappaient des estaminets borgnes d'où émergeaient des ivrognes à la démarche vacillante. Parfois une créature encombrée d'une marmaille morveuse venait récupérer son homme à la porte du cabaret en se répandant en jérémiades criardes. Pour la calmer, il arrivait que, l'esprit noyé par le tord-boyaux, le soûlot balbutie : « Christ est ressuscité, ma femme ! »

Craignant alors que cette formule religieuse du temps du tsarisme ne fasse soupçonner son mari d'être un contre-révolutionnaire, la mère de famille tentait de donner ostensiblement le change dans un autre registre en invoquant Lénine : « Au moins, as-tu bu à la santé de notre bien-aimé Vladimir Ilitch ? » Et Kyra se surprit à observer et à aimer ces petites scènes de la vie journalière. Elle, qui n'avait eu jusque-là de contact avec le peuple que par le truchement obséquieux des domestiques, découvrit la masse russe si prompte à passer du rire aux larmes et à adresser des pieds de nez à l'adversité.

Elle eut aussi froid. Et très vite faim, gardant les quelques roubles qu'il lui restait pour payer le terme à la logeuse. Bien sûr, elle aurait pu s'éviter bien des soucis matériels en faisant la putain. Les Soviets avaient eu beau mettre la prostitution hors-la-loi, le plus vieux métier du monde n'en continuait pas moins à exister. Et tout en se proclamant vertueux, plus d'un bolchévique ne répugnait pas à payer les charmes d'une fille qui lui avait tapé dans l'œil. Mais quoique Kyra rêva parfois de sentir à nouveau le désir d'un homme dans son corps, son romantisme l'empêcha de joindre l'utile à l'agréable en se résignant à des étreintes hâtives et tarifées. Il lui fallait donc trouver un autre moyen d'existence.

Une conversation entendue dans l'une de ces queues interminables devant la boulangerie (pour obtenir une ration de pain où il entrait plus de son et de paille que de froment) lui apprit que la filature embauchait. Elle se présenta et fut prise.

Le travail n'était pas difficile. Uniquement fastidieux et douloureux à la longue pour les yeux et le dos. La propriété collective des moyens de production n'ayant guère amélioré le sort de ceux qui les faisaient marcher. Hier, c'était au bénéfice d'un capitaliste. Aujourd'hui, l'Armée rouge avait un besoin urgent de sous-vêtements. Il faudrait donc attendre demain pour que l'on rase gratis et que les salariés s'échinent un peu moins. Pire, la même pause injustifiée, qui du temps du tsar vous valait un renvoi, était qualifiée maintenant de sabotage et passible de la plus grande rigueur. Dans ces conditions, comment les ouvrières n'auraient-elles pas craint le rapport de la contremaîtresse ? Elle-même soumise à la réunion des communistes de la fabrique, qui pouvaient constater son manque d'ardeur à dénoncer les fortes têtes. Et que n'avait pas à redouter ce dessus du panier prolétarien du commissaire politique, nouveau responsable de l'entreprise, si celui-ci venait à accuser les membres de la cellule de n'être ni assez purs ni assez durs ! Enfin pour coiffer le tout, ce puissant personnage tremblait à l'idée que puisse s'abattre sur lui la main de la Tchéka, qui avait droit de vie et de mort sur chacun et n'avait de compte à rendre à personne.

Comme ces paysannes en bois bariolé dont les tailles pyramidales s'emboîtent les unes dans les autres, le système régentant les droits de l'individu dans la République des Soviets était semblable à une poupée russe.

*

En cette fin de journée de labeur, où Kyra s'était bien gardée de faire écho aux récriminations de sa compagne de chaîne, cela faisait deux bons mois que cette situation perdurait.

Mai était venu. En franchissant le portail de l'usine, Kyra huma l'air comme si, au-delà des fumées et des miasmes de la ville, elle respirait la bonne odeur de la campagne et des forêts. Il lui venait une profonde nostalgie des promenades en barque sur l'étang proche de la résidence d'été des Titcherine. Soudain, il lui sembla entendre le gai tintement des clochettes attachées au collier du cheval qui venait les chercher à la gare au début des vacances. Mais ce n'était qu'un mirage. À la place de l'équipage des temps heureux apparut le tramway brimbalant qui la ramenait chaque soir jusqu'à sa soupente. Elle y monta.

Le véhicule des transports en commun redémarra avec un bruit de ferraille. À peine le parcours était-il entamé que la jeune femme eut l'impression d'un regard pesant sur sa nuque. Elle fut instantanément mal à l'aise, ayant eu la même sensation la veille et également deux jours auparavant. Quelqu'un l'observait. Elle n'osa pas se retourner. Estimant que sa seule chance était que celui ou celle qui s'intéressait à sa personne ne sut pas qu'il avait été repéré. En cas de réel danger, seul l'effet de surprise pouvait jouer dans la fuite. Puis voulant se rassurer, Kyra se demanda si elle ne faisait pas tout un roman de ce qui n'était peut-être qu'un hasard. Sans doute quelque voyageur désœuvré qui s'amusait à détailler ses compagnons de route. Mais le sentiment de la fatalité finit par l'emporter. *Nitchevo*. Aucun doute, elle faisait l'objet d'une surveillance. Son cœur battit plus fort. Les minutes suivantes lui donneraient tort ou raison.

Le tramway stoppa à sa station. La passagère en descendit et s'en alla à une allure qui s'efforçait de rester normale malgré la peur qui lui tordait le ventre. « Allons, ne sois pas aussi sotte. Les Organes[11] ont bien autre chose à faire qu'à se préoccuper d'une ouvrière. Puis si tu étais suspecte, ils t'auraient arrêtée au pied de ta machine et Dieu ait pitié de ton âme. » Le vacarme tintinnabulant de la voiture sur rails s'éloigna. C'est alors qu'à travers la rumeur confuse de la cité, des bruits de pas furent encore bien présents derrière elle. Des bottes claquant sur le trottoir, qui demeurèrent à une distance constante jusqu'au seuil de son immeuble.

« Bonsoir, camarade comtesse. » Il avait dû accélérer dans les derniers mètres et lui tenait la porte, faisant preuve par là d'une galanterie inattendue chez un tchékiste. Veste de cuir fermée par une ceinture et casquette à visière de cuir bouilli étaient l'uniforme du redoutable service de la sécurité intérieure. Kyra tenta de nier, en sachant que c'était inutile : « Vous voulez rire, camarade... Même de nos jours, les dames de la haute ne prendraient pas le tramway après avoir abîmé leurs mains pendant douze heures sur des broches à coton... D'abord, elles ont filé vers d'autres cieux, ces maudites. »

Il ricana. C'était un homme jeune et costaud. Dans une autre situation, son visage aux traits réguliers aurait été sympathique. : « Kyra Andrévna Titcherine, épouse du colonel de la Garde Nicolas Alexandrovitch Séméniof,

11. Autre nom de la Tchéka.

présentement rattaché à l'état-major contre-révolutionnaire de Dénikine. » La nouvelle surprit la jeune femme, qui ignorait tout du sort de son mari. Ainsi, après avoir été libéré par les Allemands, Nicolas Alexandrovitch avait rallié l'armée blanche du Sud de la Russie qui combattait les bolchéviques. « Tu vois qu'il y a de quoi t'envoyer plusieurs fois au poteau. » Elle capitula : « Allons-y. »

Dans la demi-lumière qui venait du réverbère, il la détailla de la tête aux pieds et décida brusquement : « Montons chez toi. » Elle soupira : « À quoi bon ? Il n'y a que quelques hardes sans valeur. » Son interlocuteur s'emporta : « Vas-tu m'obéir, tête de mule ! » Curieusement, c'était contre lui qu'il semblait en colère. Ils montèrent lentement l'escalier, Kyra devant. Sans échanger un mot. Elle le fit pénétrer dans la chambre et alluma la lampe à pétrole. Il parcourut la pièce d'un regard circulaire : « Ça doit te changer des temps anciens, il s'adoucissait. Je te plains. » Elle ne sut que répondre. Il ajouta : « Fais-nous du thé. »

Elle versa l'eau du pot (la fontaine se trouvait en bas, dans la cour) dans une bouilloire et la mit à chauffer sur le réchaud à alcool. La lumière tremblotante de la lampe les dessinait en ombres chinoises sur le mur. Il se décida à ôter sa veste de cuir lorsque le récipient pansu se mit à chanter. Kyra vit qu'il portait un révolver Mauser à canon juste passé dans la ceinture de son pantalon.

« Y avait sûrement de beaux samovars chez toi. » De plus en plus étrange, il paraissait avoir perdu toute agressivité. Il la regardait même comme un petit enfant qui attend qu'on lui raconte une histoire. Elle versa l'eau sur quelques feuilles qui, déjà mises à contribution plusieurs fois, donnèrent dans les verres un breuvage pâle et lui en tendit un en souriant : « Et aussi des tasses en porcelaine de Chine et des pinces à sucre en argent. » Il leva son verre : « Eh bien, à ta santé quand même, camarade Séméniovna. » Elle le regarda par-dessus le sien : « À la tienne, camarade... » Il enchaîna : « Laronov... Alexis Laronov. Je suis de Koursk. »

Ils burent en silence à petites gorgées comme s'ils voulaient reculer le moment d'aller plus en avant dans leur étrange relation. Laronov s'essuya enfin les lèvres avec sa manche : « Tu veux qu'on le fasse ? » Elle ne manifesta pas de répulsion. N'en avait-elle pas très envie depuis longtemps ? « Et après... que se passera-t-il ? » Redevenant agressif, il lança, brutal : « Ne va pas te faire des idées ! Faudra qu't'ailles à la cave comme les copains. »

La cave de la Tchéka où se déroulaient les exécutions. Autant dire qu'elle avait déjà son passeport pour l'autre côté. Alors, pourquoi ne pas vivre intensément encore quelques minutes ? Sans plus rien ajouter, Kyra commença à se déshabiller. Laronov la regarda faire, ébloui par les épaules rondes, les seins fermes et blancs aux larges tétons ronds (elle avait toujours eu la poitrine un peu forte), la taille fine, le ventre plat, la toison noire au creux des cuisses et les jambes longues. Elle lui tendit les bras. Il n'y tint plus et déboucla son pantalon après avoir posé son pistolet sur la table de chevet.

Leur étreinte fut sauvage, désespérée. Lèvres rivées, ils s'accrochèrent l'un à l'autre tels des naufragés à un épart flottant au creux de la tempête. Leurs ongles labourèrent la peau dénudée. Le déchaînement de tous leurs sens les plongea dans une ivresse amoureuse qui les fit rouler sur l'étroit lit de fer et se dominer à tour de rôle jusqu'à l'instant où l'homme la remplit de sa semence alors qu'elle s'ouvrait plus profond sous lui.

En sueur, Kyra fut la première à retrouver ses esprits. Elle s'assit. Le tchékiste demeurait allongé immobile, paupières closes, épuisé par l'effort sexuel. Les yeux de la jeune femme se posèrent sur le pistolet Mauser, dont la crosse dépassait dans le vide. Le geste fut plus prompt que la pensée. Elle avait saisi l'arme avant même de se dire : « Voilà ta chance. » Son doigt fit sauter le cran de sûreté. Sentant le froid du canon contre sa tempe, Laronov refit surface. Son regard s'affola en pure perte. Kyra appuyait déjà sur la détente. La détonation lui parut faire l'effet d'un coup de tonnerre dans un ciel serein.

Dans la mort, l'homme des Organes gardait une expression stupéfaite. La meurtrière (mais n'était-ce pas de la légitime défense ?) prêta l'oreille, s'attendant à ce que vienne frapper à sa porte tout le voisinage alerté. Mais il n'en fut rien. Les cris, la vaisselle fracassée, les meubles envoyés promener au cours des disputes d'ivrognes étaient monnaie courante dans l'immeuble. Et ceux qui identifièrent un coup de feu demeurèrent calfeutrés dans leurs murs sachant qu'en cette époque le plus sage était de ne rien voir et de ne rien entendre.

Le premier moment de panique passé, Kyra réalisa que mieux valait ne pas traîner dans ces lieux. Ne voyant pas revenir leur collègue, les sbires de la Tchéka ne tarderaient pas à venir aux nouvelles. Elle se regarda agir alors avec un sang-froid qui l'étonna. Tout d'abord, en s'habillant d'une double épaisseur de vêtements afin d'éviter de promener dans les rues un baluchon qui aurait pu la faire remarquer. Ayant bouclé ensuite la ceinture de sa victime autour de sa taille, elle glissa le pistolet Mauser sous ses jupes, constatant avec satisfaction que la veste cacherait la crosse de l'arme qui dépassait. Enfin, elle se pencha sur feu Laronov. Un filet de sang coulait du front fracassé.

Sans plus s'émouvoir, la jeune femme fit les poches du tchékiste, s'empara des balles, des quelques roubles qui s'y trouvaient et d'une boîte de petits cigares. Puis après réflexion, elle y joignit la carte du Parti bolchévique du défunt. Le coupe-file pourrait éventuellement lui servir de sauf-conduit face à des soldats analphabètes pour qui l'emblème de la faucille et du marteau frappé sur ce morceau de carton serait, avec un peu de chance, l'alpha et l'oméga de tout.

*

Kyra se retrouva dehors sans savoir quel pourrait être son but. Avant tout, il lui fallait sortir de Kiev. Elle marcha tout d'abord au hasard. La nuit était douce. Des myriades d'étoiles brillaient, lointaines, comme indifférentes à la violence qui agitait la terre. Sous le firmament ordonnancé, la jeune femme crut avoir rêvé les émotions paroxystiques qu'elle venait de vivre. « Me suis-je vraiment donnée à ce Laronov de Koursk, tout à la fois homme et bourreau ? Est-ce réellement ma main qui a expédié la mort ? » Des questions qui se bousculaient dans son esprit encore enfiévré par la fulgurance des événements successifs. « Je vais sortir de ce cauchemar éveillé ». Hélas, le froid de l'acier du pistolet contre sa cuisse était là pour lui rappeler qu'elle avait tué juste après avoir fait l'amour. « Dieu Tout-Puissant, pardonne à ta pécheresse. » Puis avec une inconséquence que d'aucuns taxeraient de légèreté bien féminine (alors qu'elle venait de faire preuve d'un esprit de décision que bien des mâles pourraient lui envier), elle savoura le goût des baisers qui demeurait sur ses lèvres meurtries ainsi qu'un bien-être de sa chair enfin apaisée.

Toute à ses sentiments contradictoires, qui tentaient de démêler le bien du mal sans chercher d'excuses à un acte commis dans l'urgence de sa sauvegarde, la jeune femme était arrivée au bord du Dniepr. Elle se pencha au-dessus de l'eau noire, tentée un instant de s'y jeter. « Qu'ai-je à attendre de plus de la vie ? À quoi bon reculer l'échéance inéluctable ? Pourquoi s'acharner à gravir un chemin de croix tout au long de l'existence que la Volonté divine avait bien voulu m'octroyer ? Prends garde, Kyra, le suicide est sacrilège. »

Sa foi l'emporta. Et, également apaisée par le calme du ruban lisse qui coulait entre les deux rives striées de lumière dorée des réverbères, le sang impétueux battant dans les veines de celle qui n'était plus qu'une fugitive prit le dessus sur le désir de la mort. Cela se fit comme une branche morte qui se détache du tronc en train de reverdir. « Ce n'est pas encore aujourd'hui que je me présenterai devant mon Créateur. » Elle s'écarta du vide. Définitivement décidée à respirer et à aimer. Mot qui la fit brusquement se souvenir de ce que le tchékiste lui avait appris : Nicolas Alexandrovitch Séméniof se trouvait à l'état-major de l'armée blanche de la Russie du Sud. Donc, à Odessa.

Des images d'un séjour, enfant, dans le grand port de la mer Noire lui revinrent en mémoire. La descente de l'escalier de pierre majestueux d'où l'on dominait la rade. Les bras des grues plongeant dans les entrailles des navires à quai pour en ressortir de pleins filets de caisses au contenu si mystérieux et intriguant pour une petite fille. Les avenues bordées de palmiers. Les canotiers, les panamas et les capelines fleuries des promeneurs vêtus tout de blanc. Le public qui applaudissait du bout des doigts la fanfare militaire en train de donner un concert sous le kiosque du jardin public. Avec la réminiscence du cerceau qu'elle faisait rouler dans les allées en costume marin, les senteurs retrouvées l'assaillirent également. Celle des citronniers au parfum entêtant. Celui plus discret des cytises balançant leurs grappes d'or dans l'air chaud. Et la bonne odeur du chocolat crémeux chez « Mademoiselle de Paris », le salon de thé chic.

Ce décor fut soudain si présent qu'elle crut y voir Nicolas Alexandrovitch, sanglé dans l'uniforme d'été des aides de camp, claquant des talons en s'inclinant sur le bout des doigts d'une main gantée de point de Venise. Elle eut le sentiment d'une profonde injustice. « Mon mari fait le joli cœur tandis que je fais face à l'adversité. N'avait-il pas juré sur la Croix de me protéger en toutes circonstances ? » Oubliant n'avoir pas été mécontente que la guerre la sépare d'un époux avec lequel elle ne s'était sentie aucune affinité, à part au lit, Kyra fut saisie d'une saine indignation. « Ça ne se passera pas comme ça ! » Elle sut alors où elle voulait aller contre vents et marées. À Odessa.

*

C'était une chose de décider tout de go de rejoindre la grande cité méridionale qui, de loin, lui apparaissait comme une Russie de la vie d'avant. Mais c'en était une tout autre de parcourir près de quatre-cents verstes[12] dans une contrée en proie à la guerre civile et à l'anarchie.

La plupart auraient reculé devant les périls que la jeune femme s'apprêtait à affronter. Le leader bolchévique Trotsky n'avait-il pas déclaré du haut de la tribune du Soviet : « l'indulgence envers la classe ennemie est la faute la plus impardonnable que pourrait commettre le prolétariat » ? Ce à quoi les tenants de l'Ancien Régime avaient répondu : « Pour un des nôtres tué, nous exterminerons cent des vôtres. »

Échange d'amabilités qui pourrait faire se demander ce que Kyra allait faire dans cette galère. Épouse d'un contre-révolutionnaire patenté et meurtrière d'un tchékiste pour les uns ; ouvrière s'ils regardaient ses mains abîmées par la machine et, de ce fait, sûrement espionne pour les autres, que pèserait son existence face à ceux que la haine rendait implacables ? Et comme si l'entreprise n'était pas déjà assez aventureuse, il lui faudrait également se garder des déserteurs des deux bords, des paysans rendus enragés par les réquisitions de chaque camp et de la variole qui était en train de se transformer en épidémie.

Mais tout compte fait, le risque était aussi grand de demeurer dans Kiev où les Organes allaient activement la faire

12. Une verste équivaut à 1 067 mètres.

rechercher. Plutôt marcher au-devant du danger que d'attendre comme l'agneau du sacrifice pascal. S'éloignant du fleuve, la fugitive partit d'un pas décidé. Uniquement préoccupée désormais de trouver un moyen de sortir de la ville.

*

La chance la servit et également l'alcoolisme endémique de la masse russe. Afin de ne pas s'égarer dans l'obscurité, Kyra choisit de suivre la voie du chemin de fer en direction du sud. Évitant la gare, où traînaient toujours les tchékistes, elle descendit sur les rails par une échelle de fer permettant aux cheminots de rejoindre directement les ateliers d'entretien des machines haut-le-pied. Le plus délicat restait à faire. Franchir le poste d'aiguillage où, supposa-t-elle, devait se trouver l'un des nombreux postes de garde dont les Rouges avaient ceinturé Kiev.

Alors qu'elle avançait sur le mâchefer crissant, une locomotive surgit à toute allure, lançant des escarbilles enflammées dans la nuit. La jeune femme n'eut que le temps de faire un bond de côté tandis que, frappant l'air dans un vacarme assourdissant, défilait une longue procession de wagons de marchandises.

Le fanal rouge signalant la queue du convoi passé, elle reprit sa route. Une centaine de mètres plus loin, la cabine chargée de réguler le trafic fut en vue. À travers des ouvertures pratiquées dans les verrières illuminées, trois mitrailleuses pointaient leur canon court en direction des voies. On disait en ville que les bolchéviques craignaient une attaque des Blancs par un train blindé.

Jugeant le nombre de personnes trop important pour que les servants fassent usage des armes automatiques, Kyra craignit par contre qu'ils n'alertent les sentinelles placées au pied du bâtiment. Mais les astres lui étaient favorables.

Escomptant sans doute se voir alerter au téléphone de la gare précédente si un monstre tapissé de plaques d'acier et crachant le feu par toutes ses fentes arrivait, les mitrailleurs jouaient aux cartes tandis que l'aiguilleur de service fixait son attention sur le plan ferroviaire scintillant de petits points de diverses couleurs.

La fugitive se signa en remerciement. C'est la volonté de Dieu. Qui se montra bien versatile, car force lui fut de constater qu'elle s'était réjouie trop vite. La zone à traverser maintenant se trouvait sous la lumière crue des lampadaires destinés à faciliter les réparations à toute heure. Inutile d'espérer passer inaperçue. Elle allait faire une cible parfaite.

« Verse-m'en donc encore un peu, camarade Petia. » La voix avinée provenait de l'autre côté de la bâtisse. Kyra prit le risque de s'avancer un peu plus. Une autre voix, tout aussi prise par l'alcool, grasseya : « Encore un p'tit coup, camarades, et notre Petko va nous danser la prisyadka[13]. »

En s'étirant le cou, la jeune femme vit d'abord les fusils formés en faisceaux avant de découvrir la vingtaine de soldats agglutinés devant une citerne sur rails marquée « PÉTROLE ». Ce qui semblait étrange était que, s'approvisionnant au robinet à l'aide de gourdes, les Rouges buvaient de grandes lampées sans que ce qui aurait dû être du carburant paraisse leur faire aucun mal. Au contraire, chaque rasade les rendait plus joyeux et diserts : « Eh bien, à la santé de nos pères, mères et enfants qui verront le paradis des Soviets. »

Kyra crut pouvoir profiter de leur ivresse. Mais à l'instant où elle allait s'élancer, l'un des soûlots se retourna vers les voies en éructant : « C'est pas tout, les gars. Faudrait voir à pas boire aussi la consigne. » Un autre rigola : « Si y passe un lièvre, t'en verras deux, Vassili. » Le dénommé Vassili s'entêta : « Cause toujours. Même avec mon content de vodka, j'louperais pas un Blanc, maudit soit-il ! » Il alla saisir son lebel parmi le tas équilibré et visa justement (peut-être à travers son ébriété avait-il quand même la sensation d'une présence étrangère) l'endroit où se tenait la fugitive. Qui pensa : « Tout est fini. » Mais son heure n'était pas encore venue.

---

13. Pas de danse consistant à lancer alternativement les jambes en avant tout en restant accroupi.

À ce moment précis, le bruit d'un moteur gronda dans la nuit. Un camion s'arrêta auprès de la pyramide constituée par les fusils. Aussitôt, des soldats en armes surgirent de l'arrière. Tandis qu'ils mettaient en joue les ivrognes, un civil sauta à bas de la cabine en criant : « Tas de salauds ! Traîtres ! » L'un des buveurs pleurnicha : « On est des communistes comme toi, camarade commissaire. » L'arrivant lança avec mépris : « Les vrais communistes ne se soûlent pas la gueule... Si les Blancs avaient attaqué, vous auriez fait de jolis combattants. »

Ses hommes tournaient le dos aux voies. Et ceux qu'ils tenaient en respect étaient bien trop désemparés pour se préoccuper d'autre chose que de supplier qu'on leur épargne le peloton d'exécution. Ce ne serait pas la première fois qu'un commissaire politique déciderait de faire un exemple au sein du régiment dont il avait la responsabilité. « Choisis plutôt de nous faire tuer en première ligne. Pardonne pour cette fois. »

Kyra jaillit en pleine lumière. Une athlète n'aurait pas couru plus vite. Tout en s'attendant entre chaque battement précipité de son cœur à s'entendre commander : « Halte ou je tire ! » Jamais distance ne lui parut plus longue à parcourir. Mais le seul ordre qui parvint à son oreille avant de replonger dans une obscurité protectrice fut celui du délégué communiste qui enjoignait aux ivrognes de grimper dans le camion tandis que ses hommes assureraient la relève. Ce n'est qu'une fois hors de danger (tout au moins provisoirement) que la jeune femme s'amusa à l'idée que les bolchéviques soient dans l'obligation de camoufler les transports de vodka sous l'étiquette « pétrole » ou « benzine ». Tout en sachant que cela ne devait pas être différent chez les Blancs. Le rituel russe n'était-il pas « un verre, deux verres, trois verres et vidons la bouteille » ?

*

Épuisée par les émotions et la marche prolongée qui avaient suivi une journée de travail déjà pénible, la fugitive décida de prendre du repos dans un wagon de marchandises désaffecté déposé sans roues à l'écart des voies. De la paille moisie et déjà écrasée par d'autres corps jonchait le plancher où manquaient des lattes. Sans se préoccuper de la vermine qui devait y avoir élu domicile, Kyra se laissa choir et s'endormit d'un bloc.

Son sommeil fut lourd. Hanté par des visages familiers qu'il était impossible de rejoindre. Ancrés dans sa mémoire sans savoir pourquoi, des événements infimes remontèrent à la surface avec une netteté douloureuse qui la fit gémir dans sa léthargie. Semblable à la lampe d'un phare balayant successivement les quatre points cardinaux, son esprit ankylosé fit surgir un trop bref instant tel ou tel souvenir heureux avant de le replonger dans l'oubli.

Elle s'éveilla avec le jour et sauta à bas du marchepied. L'azur était plein de cris d'oiseaux. Ses poumons s'emplirent d'un air qui sentait fort et bon l'humus et les herbes sauvages. Un rang de bouleaux blancs frissonnait sous la caresse d'une brise légère. Des bouquets de chardons violets explosaient au cœur du vert tendre. Depuis des mois, Kyra n'avait pas respiré avec un tel bonheur. Au point de croire qu'une nouvelle vie pouvait commencer. Le grondement d'un train la ramena à la dure réalité.

Le convoi passa avec un fracas de roulements et de claquements métalliques. Assis en tailleur et sonnés par le vent de la vitesse, les soldats bolchéviques se tassaient frileusement les uns contre les autres sur les plates-formes roulantes hérissées de baïonnettes scintillant au soleil au bout des fusils. Les étoiles rouges plaquées sur le front de ces hommes qui s'en allaient à la guerre firent à la fugitive l'effet d'un ciel aux constellations sanglantes.

Sa félicité momentanée envolée avec une troupe de grues craquetantes dérangées par le vacarme, la jeune femme décida d'abandonner la voie ferrée devenue dangereuse. Coupant à travers les prairies où ses brodequins se trempèrent dans la rosée (Dieu merci, sa condition d'ouvrière lui avait fait abandonner les escarpins jugés trop bourgeois), elle atteignit la route menant à Borispol et s'y engagea d'un bon pas.

Une heure plus tard, un grincement de charrette tirée par des sabots ferrés monta dans son dos. Il lui fallait prendre un parti définitif : se montrer ou se cacher à la moindre alerte. Son caractère la poussa à prendre des risques. « Comme ça, tu sauras si la chance est toujours avec toi. » Elle poursuivit son chemin en pleine lumière, marchant même au milieu de la chaussée par provocation. « Oh, oh, Tarass ! Vas-tu t'arrêter, diable noir ! »

Hennissant en arrivant à la hauteur de Kyra, le cheval se cabra comme s'il voulait faire honneur à la réputation que venait de lui lancer celui qui tenait les rênes, un vieil homme manchot en blouse boutonnée au col tombant sur le pantalon passé dans les bottes : « Des fois, je pourrais t'emmener, ma belle. » Ses petits yeux malins détaillaient sans vergogne la jeune femme de la tête aux pieds tandis qu'il s'exprimait en ukrainien et non en russe. Fort heureusement, et au contraire de bien des descendants des nobles venus du nord, Kyra n'avait jamais dédaigné d'utiliser cette langue sucée, pour ainsi dire, au sein de sa nourrice : « Et pourquoi le feriez-vous, grand-père ? » Le manchot rit en agitant son fouet sans méchanceté : « M'est avis qu'tu dois pas avoir tant envie de rencontrer les messieurs d'aujourd'hui qui tutoient tout un chacun et se donnent du "camarade" gros comme le bras... Allez, grimpe. »

La fugitive hésita. N'allait-il pas la livrer aux nouvelles autorités du premier bourg rencontré ? Il lut dans ses pensées : « Mitka Pankratov n'a jamais fait de tort à un chrétien. Même si c'est plus tellement à la mode de l'être de nos jours. » Elle se hissa sur la banquette à côté de lui. La lanière de cuir cingla la croupe de Tarass, qui repartit comme une flèche avant de reprendre une allure plus calme maintenant qu'il avait montré ses capacités. Kyra savoura le plaisir d'avancer sans effort. Puis son estomac, vide depuis la veille, cria famine. Tout en tenant rênes et fouet de sa main unique, Mitka Pankratov (avec la prescience de ceux qui ont la charité inscrite dans le cœur) l'interrogea : « T'aimerais peut-être manger un quelque chose ? » Kyra n'eut pas à répondre. Son regard parlait pour elle. Le conducteur fouilla sous le banc et en tira un petit paquet enveloppé dans un linge propre : « C'doit être de l'omelette froide dans un quignon que la vieille m'a préparé. Bon appétit. »

Sa passagère ne se fit pas répéter l'offre. Entre deux tranches de pain noir un peu aigre, l'en-cas lui parut plus délicieux que du caviar de la Caspienne. Tandis qu'elle dévorait à belles dents, le manchot soliloqua : « Y a tout de même du bon sens dans ce que veulent les Rouges. Le pouvoir aux ouvriers et aux paysans, qu'ils disent... Après tous ces siècles pendant lesquels Dieu l'avait octroyé à nos tsars, paix à leurs âmes, ça a été juste pour opprimer et faire souffrir le peuple. » Il agita son moignon au haut duquel la manche vide était soigneusement épinglée. « C'est à Port Arthur, tout au bout de la Sibérie que j'l'ai laissé çui-là... En 1904, contre le Mikado des Japonais. On n'avait même pas de chaussures dans la neige. Et à peine de cartouches... L'intendance volait. Et plus ils étaient haut placés, plus ils volaient le soldat russe... »

Kyra pensa qu'il n'était sans doute pas aussi vieux que sa barbe hirsute et ses cheveux argentés le laissaient croire. Il poursuivit : « Un éclat de shrapnel, pas de chloroforme... L'chirurgien a coupé dans l'vif... "Bois un coup et gueule", qu'il m'a commandé. Et après, il a fallu marcher en arrière pendant vingt verstes dans la neige. Les trains c'était pour messieurs les officiers, sa voix s'attendrit soudain. Mais v'là qu'toi aussi t'es partie droit devant... » La jeune femme n'essaya pas de mentir : « Je vais vers le sud. » Pankratov hocha la tête : « Chez les Blancs ? - Chez les Blancs. Mon mari s'y trouve. Je dois le rejoindre. »

L'ancien combattant de la guerre russo-japonaise soupira : « Qu'est-ce qu'elle devient la conscience quand tout est sens dessus dessous et qu'on tue les gens parce qu'ils chantent pas le même air qu'nous autres ? » De la pointe de son fouet, il désigna Tarass : « Y a que les bêtes pour mourir à la bataille sans qu'on leur demande à quel camp elles appartiennent. » Du coin de l'œil, il regarda sa passagère : « Alors comme ça, t'en es une ? » Kyra eut un rire triste : « Il paraît qu'on naît d'un côté ou de l'autre de la barrière et que nul n'a le pouvoir d'y changer quoi que ce soit. » Elle amorça le mouvement de sauter à bas de la charrette : « Préférez-vous que je descende ? » Le conducteur s'indigna : « Pour qui tu prends Mitka Pankratov ? F'rait beau voir que j'aurais abandonné une âme sur son chemin de croix ! » Le courroux faisait se bousculer les mots à ses lèvres : « Vas-tu te tenir tranquille ? Manquerait plus que tu te blesses en tombant et que je doive t'amener à la vieille qui me pardonnerait pas de t'avoir fait du tort... » Il montra un sac de toile à l'arrière du véhicule : « C'est les médicaments que l'Comité révolutionnaire m'a envoyés chercher à Kiev. J'vas te déposer à la sortie de Borispol avant d'les porter. »

Reconnaissante, la jeune femme sortit les petits cigares récupérés dans la poche de feu Laronov : « Vous en fumerez bien un ? » Pankratov rigola en s'en plaçant un au coin du bec : « J'savais bien qu'un bienfait est jamais perdu. » Quoique ne connaissant que la saveur douceâtre des cigarettes orientales, Kyra eut également envie d'un cigarillo. Elle l'alluma au briquet à amadou que son compagnon fit grésiller en soufflant sur la mèche sans pour autant lâcher les rênes de sa main unique. Le goût âcre du tabac roulé en feuilles la fit tousser pour le plus grand amusement du conducteur : « C'est l'métier qui rentre. »

Ils dépassèrent des fantassins rouges qui adressèrent des signes amicaux à la jolie tournure juchée sur la charrette. Au passage, plus d'un, la voyant si compère avec le cochet manchot, la prit pour une fille à soldats parce qu'elle fumait comme un homme en public. Même le commissaire politique et les officiers lui sourirent, en regrettant de ne pas avoir le loisir de lui faire voir la feuille à l'envers... Et pour la remercier de cette aimable parenthèse dans le devoir militaire, tous entonnèrent d'une seule voix une chanson martiale :

Quittez les machines,
Dehors, prolétaires,
Marchez et marchez,
Formez-vous pour la lutte.
Drapeau déployé
Et les armes chargées
Au pas cadencé,
Pour l'assaut, avancez,
Il faut gagner le monde !
Prolétaires, debout...

Le chœur demeura en arrière et se perdit. Songeur, Pankratov murmura : « Est-ce la peine d'aller au-devant de la mort alors qu'elle finit toujours par venir à toi ? »

Tendue tant qu'avait défilé la troupe, la fugitive posa la question qui la tourmentait maintenant : « Que vais-je trouver plus loin ? » Son compagnon plissa un front soucieux : « J'sais point trop. On raconte que des partis de Cosaques brûlent les villages des juifs... C'est que justice pour ceux qui ont sacrifié notre Seigneur. »

Étonnante complexité de l'âme slave, si sensible à la douleur et pourtant capable dans l'instant d'absoudre les pires excès. Nul n'aurait pu nier la bonté de Pankratov. Ne venait-il pas d'en donner la preuve en aidant de son mieux une fugitive ? Mais quoique rempli de compassion pour sa prochaine, ce même individu (après avoir philosophé sur la vie et la mort avec une justesse que pouvaient lui envier de bien plus évolués) venait de vouer aux gémonies une race humaine sur le simple soupçon d'un crime commis vingt siècles plus tôt. Il oubliait que c'étaient des prétoriens romains qui avaient cloué Jésus sur la croix. Ce que même les icônes n'ont jamais osé nier. Mais répétant la leçon apprise des popes depuis des générations, le manchot aurait été sans doute bien surpris d'apprendre que quelques-uns de ceux qu'il condamnait ainsi sans appel étaient les inspirateurs des généreuses mesures prises par les bolchéviques en faveur du peuple.

Pour Kyra, Israël n'était qu'un symbole. Celui de l'argent et de l'avarice. Le séjour dans les grandes villes de l'Empire tsariste leur étant interdit, la jeune femme n'avait jamais eu l'occasion de rencontrer des juifs. Les rares privilégiés fortunés qui obtenaient un permis faisant tout pour ne se singulariser en rien des chrétiens. Elle ne connaissait donc d'eux, contrairement à Pankratov (qui avait moins d'excuses de les maudire puisque lui côtoyait journellement ceux du ghetto de Borispol, dont la misère était égale à la sienne), que ce que leur reprochait l'Église. Réquisitoire aggravé par le récit horrifié d'une amie de sa mère faisant état que, à la veille de leurs Pâques, les israélites volaient des petits enfants orthodoxes pour les faire saigner jusqu'à la dernière goutte dans la pâte du pain azyme. Sans trop ajouter foi à cette histoire d'ogre tout juste bonne à donner des cauchemars aux marmots, Kyra ignorait tout d'une minorité qui (même si certains s'en contrariaient) était l'une des composantes sécuritaires de la nation russe.

*

Le soleil était à son zénith lorsque Mitka Pankratov déposa Kyra au-delà de Borispol en lui souhaitant bonne chance. La jeune femme descendit jusqu'au bord du fleuve et fit une rapide toilette avant de reprendre sa route. Cinq années auparavant, c'était ce même chemin qu'avait parcouru un adolescent juif qui s'en revenait alors au shtetl, le cœur joyeux du brillant avenir qui venait de lui être promis. Futur que le son du tocsin appelant à la guerre avait irrémédiablement tué dans l'œuf.

Et qui aurait pu dire, à cette heure où Kyra foulait la terre battue qui n'avait gardé aucune trace des pas de Mendel Flüssvogel, ce qu'il était advenu de ce dernier pendant le conflit européen et à travers la tourmente révolutionnaire ?

Pourtant au-dessus des blés jaunissants, aujourd'hui comme autrefois, le chant de l'alouette plana dans l'azur. Des notes limpides, gaies et fragiles qui serrèrent la gorge de la marcheuse tant elles lui rappelaient les pique-niques d'antan où, autour du couvert disposé sur l'herbe par les domestiques, des dames abritant une blancheur délicate sous les ombrelles acceptaient un doigt de champagne dans du cristal de chevaliers servants en canotier.

Mais sous le soleil brûlant sa nuque sans pitié, rien n'aurait pu évoquer le fantôme du passant aux papillotes rituelles qui s'en était également allé par là un beau jour de juin 1914. Ou peut-être si. À condition de voir dans le moindre détail une part de prédestination. Ce qui, une fois admis, pourrait pousser à s'interroger sur la présence renouvelée d'un passereau musicien en ce même lieu. Volatile qui, de plus, prit à tire-d'aile la direction du shtetl de Krasnoïa comme s'il voulait indiquer qu'il fallait passer par là.

Des esprits cartésiens rétorqueront que l'alouette est une espèce commune à bien des paysages agricoles dès le début de l'été. Mais il n'empêche (même si ces incrédules s'entêtaient à parler de hasard ou de coïncidence) qu'amusée par les trilles de l'oiseau, Kyra suivit le même cap alors qu'arrivant à un croisement de chemins, elle aurait pu passer au large du rendez-vous qui lui avait donné la providence.

*

La jeune femme parcourut encore près d'une verste avant de remarquer de minces colonnes de fumée qui se rejoignaient en un nuage noir dans le ciel bleu. Tout aurait dû la pousser à faire un détour.

Mais un son ténu, qui augmenta d'intensité au fur et à mesure de son approche après qu'elle l'eût reconnu pour celui d'un violon, l'attira irrésistiblement. Il eut sur elle le même effet que la flûte du joueur de Nuremberg, dont le charme musical avait entraîné dans le néant tous les petits enfants de la riche cité bavaroise coupable d'avoir traité avec mépris un pauvre musicien ambulant. Mais ceux qui auraient pu avoir à se venger de Kyra, en particulier les collègues de feu Laronov, se trouvaient loin.

Non, ce qui ensorcelait soudain la marcheuse c'était la pureté d'un archet dont la profonde tristesse s'exprimait sur les cordes. Une harmonie solitaire qui lui parut hors du temps et de l'espace, et pour laquelle la seule expression qui lui vint à l'esprit fut « d'essence divine ». Elle hâta le pas et, à la sortie d'une courbe, découvrit que le village n'était plus que ruines fumantes. En un endroit, une flamme rousse courait telle une queue de renard sur un toit encore debout tandis que, légers et gracieux, des flocons noirs s'envolaient au vent.

Alors que le souci de sa propre sécurité aurait dû conseiller à Kyra de s'éloigner au plus vite d'un endroit où les hommes (de quelque camp qu'ils fussent) venaient de répandre la dévastation et sans doute la mort, elle continua à avancer dans le même sens. Rien pour l'instant ne lui paraissait plus indispensable et urgent que de découvrir celui ou celle qui était capable d'exprimer sur un instrument de musique un sentiment humain avec une telle intensité et une pareille maîtrise.

En une autre époque, il lui était arrivé de s'ennuyer ferme dans l'un de ces salons de Kiev où les gens du monde s'offraient le récital d'un pianiste en vogue de passage. Prestation sans âme, dont l'exécutant savait que le public n'était là que pour se montrer afin que l'on sût qu'il avait des goûts distingués. Mais curieusement, face au décor noirci encore parcouru de flammèches, la jeune femme était angoissée à l'idée que vienne se rompre brutalement le fil invisible qui la tirait vers l'instrumentiste et qu'elle se trouve replongée dans l'univers des bruits familiers et grossiers.

C'est alors qu'elle le vit.

Chapitre 3

Si au cours des cinq années qui venaient de s'écouler, Mendel Flüssvogel avait tout naturellement changé physiquement en se transformant en un grand et mince jeune homme aux traits plus affirmés, il n'en demeurait pas moins foncièrement juif avec sa barbe châtain naissante et les deux bouclettes rituelles, à peine plus courtes qu'à son adolescence, qui tombaient sur son front de part et d'autre de la kippa vissée au sommet de son crâne. C'est ainsi que Kyra le vit pour la première fois.

Paupières closes, le violon bien calé aux creux de l'épaule, l'autre bras arrondi tenant l'archet par le truchement duquel s'exprimait toute sa sensibilité. Tout en faisant preuve d'une virtuosité qui rendait intelligible et captivante pour tous une musique pourtant pleine d'une profonde intériorité. Néanmoins, rares étaient ceux, parmi les habitants éplorés du shtetl rangés en demi-cercle autour de lui, qui auraient pu identifier l'andante du *Concerto* de Félix Mendelssohn. Au mieux, ce nom était connu de certains comme celui d'un compositeur allemand, mais aussi juif. D'ailleurs, en cet instant, peu importait.

À l'exemple de l'étrangère qui venait de se joindre à eux, il n'en était pas un qui ne fut touché par ces sons qui allaient droit au cœur. Et alors qu'ils lui paraissaient monter vers le ciel avec les ultimes scories de l'incendie, Kyra, en découvrant la raison de ce concert impromptu en plein air, y vit également une poignante protestation contre la cruelle indifférence divine envers les crimes qui se déroulaient sur la terre.

*

Rachel et Jacob Flüssvogel étaient allongés côte à côte sur un matelas devant les décombres fumants de leur maison. Deux heures auparavant, le coltineur de tonneaux de harengs avait été sauvagement sabré par un Cosaque alors qu'il tentait de relancer au loin un brandon enflammé que le cavalier venait de projeter sur sa pauvre demeure. Une balle de révolver avait mis fin aux jours de son épouse qui avait eu le tort de maudire l'assassin à voix haute.

Tandis que flambait une bonne partie du shtetl, les bâtisses épargnées étaient pillées, et des femmes violées. Mais il n'y avait pas eu d'autres morts à regretter et plus d'un juif se disait tout bas que « ça aurait pu être pire ». Quant à savoir à quel camp pouvaient appartenir les incendiaires, « va te faire fiche » ! D'ailleurs qu'est-ce que cela aurait pu changer ? Aller se plaindre aux autorités dont dépendaient les coupables n'aurait risqué que d'amener de nouveaux malheurs, plus funestes peut-être que les précédents afin de faire taire définitivement toute protestation. En effet, bolchéviques et Blancs avaient bien trop besoin de l'alliance des *sotnias*[14] venues du Don et du Donets pour les punir à propos de « quelques youpins bousculés ». Aussi, sachant que la crainte de les voir passer à l'ennemi avec armes et bagages leur ferait pardonner tous les excès commis envers une minorité offerte comme tête de turc par les deux partis (tout aussi gangrenés par l'antisémitisme séculaire du peuple russe), les Cosaques s'en donnaient à cœur joie à travers l'Ukraine, baptisant gaiement les brasiers dans lesquels s'abîmaient les toits israélites de « coq rouge », tout en se défoulant sur les occupants avec une violence primaire.

*

Mendel était absent du village au moment du drame. Ayant fait une croix provisoire sur ses hautes ambitions

---

14. Escadron de cent hommes.

au fur et à mesure que s'accumulaient les difficultés dues à la guerre, puis à la révolution, l'adolescent devenu jeune homme s'était vu dans la nécessité de gagner son pain et d'aider sa famille en attendant des temps meilleurs.

Ayant tout d'abord joué dans les mariages juifs pour quelques roubles, sa réputation avait grandi dans la région au point que même les orthodoxes, les catholiques romains ou les uniates avaient fini par faire appel à son talent pour fêter en cadence leurs épousailles. Certains l'avaient même baptisé « le Violon du diable ». Et il suffisait d'observer les paysans en bottes cirées et l'arc-en-ciel des châles des femmes en train de se trémousser en rythme sur l'aire de terre battue alors que l'archet allait et venait avec une agilité proprement incroyable sur les quatre cordes pour admettre qu'il n'y avait peut-être pas que du faux dans cette assertion.

Tant que la musique durait, la noce était comme envoûtée, glissant, tournoyant, pivotant, se saluant, tapant des talons et des mains selon qu'il s'agissait d'une valse, d'un quadrille ou d'une polka. Et lorsqu'arrivait l'heure pour les hommes de se montrer à la hauteur de la prisyadka, Mendel n'avait pas son pareil pour les faire bondir au centre des invités, s'accroupir, lancer successivement chaque jambe en avant tout en frappant de la paume les tiges de leurs bottes. Au point qu'ils donnaient l'impression de ne tenir en équilibre que par la grâce de ce violoniste qui semblait les manipuler telles des marionnettes.

Et quoique le régime bolchévique eut crié « haro ! » sur les popes, les rabbins et les curés, on se mariait tout de même dans les campagnes. Lever le coude à la vodka et faire des entrechats étaient une bonne occasion d'oublier que demain on s'entretuerait, peut-être ici même où l'on s'embrassait aujourd'hui.

C'était donc après avoir fait gambiller toute une nuit les invités d'un hyménée villageois et pris quelques heures de repos dans une grange à quelques verstes de là que, revenant au shtetl, le violoniste avait découvert le drame qui le privait brutalement de sa parentèle la plus proche.

Pas un mot n'était sorti de ses lèvres tandis qu'il écoutait le récit des voisins accourus sauver les corps de la fournaise. Ensuite, alors que tous s'attendaient à l'entendre réciter le *kaddish* pour les défunts, le jeune homme avait ouvert son étui avec un calme apparent et avait pris l'instrument de musique et son archet. Stupéfaits et scandalisés, les présents en avaient alors à peine cru leurs oreilles en l'entendant attaquer les premières mesures de ce même *Concerto* de Mendelssohn qui venait d'aimanter en quelque sorte Kyra vers ce lieu de désolation.

En cet instant d'extrême émotion, s'il avait pu parler, le soliste aurait dit que, plus que la prière rituelle pour les morts, c'était la quintessence de son art qu'il se devait d'offrir à ceux qui lui avaient donné le jour. Tout en jouant, la gorge nouée et le cœur rempli d'affliction, il croyait revoir Rachel l'obligeant jusqu'à la torture à atteindre cette perfection sans laquelle il n'est pas de grand virtuose. Et là, face à son cadavre et en remerciement de tous les sacrifices consentis par Jacob Flüssvogel pour que lui, Mendel, puisse satisfaire l'ambition d'une mère juive (c'est-à-dire aimante et possessive jusqu'à exaspérer ceux qui en sont l'objet) pour son fils, il interprétait le morceau romantique de toute son âme éplorée, comme si ceux qu'il venait de perdre pouvaient encore l'entendre des horizons inconnus où ils s'en étaient allés à jamais. Et les traits profanes étaient si beaux, graves et douloureux que même les croyants les plus à cheval sur la règle religieuse, émus jusqu'au profond d'eux-mêmes, en oubliaient le grave manquement à la tradition judaïque.

Étrangère à ce culte, l'arrivante n'était pourtant pas la moins bouleversée par cette scène poignante, dont elle comprenait instinctivement le sens même sans en connaître les tenants et les aboutissants. De plus, quoique l'odeur âcre du bois carbonisé sur lequel on avait jeté de l'eau pour éteindre l'incendie, la fumée obscurcissant encore le ciel au-dessus du shtetl et les sanglots montant au sein de la petite foule fussent bien tangibles, il y avait malgré tout quelque chose d'irréel, de merveilleux dans le sens du surnaturel, qui lui rappelait les icônes dans la présence de quelques vieillards à longue barbe blanche entourant l'un d'eux qui serrait précieusement contre sa poitrine un rouleau sacré sauvé des flammes. S'y ajoutaient les yeux des enfants comme dilatés dans des visages trop petits, qui venaient de voir la mort brutale faire intrusion dans leurs courtes existences, et la singularité de tous ces hommes qui demeuraient coiffés devant les dépouilles tout en étant agités d'un curieux balancement du torse d'avant en arrière tandis que leurs lèvres murmuraient des versets hébraïques qui semblaient accompagner le violon dans sa cantilène.

Kyra découvrait là une Russie inconnue. Tout aussi mystique que l'orthodoxe. Mais le mot qui lui vint spontanément à l'esprit fut : plus « épurée ». Semblable à celle des premiers chrétiens sur la terre slave du temps de saint Vladimir l'évangélisateur. Soudain, elle eut envie de joindre sa prière à celle de ces persécutés et, sur le point de faire le signe de croix, retint son geste en réalisant ce qu'il pourrait avoir de provocateur alors que les meurtriers avaient sans doute été baptisés dans la foi du Christ. Frustrée alors de ne pouvoir participer à la ferveur générale, elle se sentit de trop. Tout en réalisant que son moi refuserait de s'éloigner tant que le violon exprimerait aussi mélodieusement l'essence de la tragédie universelle qui se conclut depuis l'aube des temps par la séparation. L'archet jouait, pour ainsi dire, sur son propre cœur mis à nu, le fouillait pour en extirper le regret de ceux qu'elle avait perdus. Une douleur intense et également (aussi contradictoire que cela puisse paraître) délicieuse la paralysait.

Puis ce que Kyra aurait dû prévoir arriva à quelques mesures de l'achèvement de l'andante : « *Sie sind nicht jude*[15] ! » L'apostrophe lancée en yiddish, langue proche de l'allemand, dont elle possédait quelques rudiments, la laissa sans voix. Elle se sentait coupable de voyeurisme tout en sachant que rien au monde ne pourrait lui faire regretter de s'être laissé prendre à l'enchantement des cordes qui venaient de se taire. Tous les regards étaient braqués vers la cause du scandale et la matrone qui venait de le dénoncer. Les uns étaient pleins de colère. Les autres, de reproches. Que venait faire ici une *goy*[16] ? Si ce n'est se repaître du malheur des juifs ! Mais la jeune femme n'en retint qu'un : noir, amer et triste, celui de l'instrumentiste arraché à son immersion dans la musique.

*

Abaissant son violon et l'archet, Mendel regarda vers celle qui venait de se faire traiter d'intruse. Tous s'étaient écartés d'elle comme d'une pestiférée. Et pourtant, lui n'avait aucun ressentiment envers l'inconnue. Peut-être parce qu'il lisait dans ses yeux combien elle s'en voulait d'avoir été la cause de l'interruption. Et sans doute aussi parce qu'elle était très belle et, il le devinait confusément, seule face au malheur, comme lui.

15. « Vous n'êtes pas juive ! »
16. Une non-juive (au pluriel : *goyim*).

Mais même s'ils n'avaient eu à franchir que quelques mètres pour presque se toucher, la distance mentale qui les séparait demeurait gigantesque. Il était juif, elle, chrétienne. Aucune révolution, eût-elle décrété la non-existence de Dieu et l'abolition de tous les cultes religieux, ne pouvait rien y changer, tant les vieilles idées étaient toujours ancrées dans toutes les têtes. Kyra et Mendel ne pouvaient faire exception. Tout au moins dans le contexte de leur première rencontre.

La jeune femme recula de plusieurs pas sans que nul ne tente de lui barrer le passage. Pourtant, faute de n'avoir pas eu le courage de se dresser devant les Cosaques incendiaires à l'exemple de Jacob Flüssvogel, les plus lâches dans la petite foule auraient pu la malmener. Avec le silence revenu, les sentiments vindicatifs envers tout ce qui pouvait se rattacher à l'univers des *goyim* reprenaient le dessus sur l'apaisement dû à la musique. Mais il n'y eut ni une injure, ni un crachat, ni un geste violent. Telle l'aura de l'un de ces Justes (qui plus d'une fois au cours des siècles en imposèrent aux Gentils[17] qui voulaient s'en prendre au peuple d'Israël), l'emprise que le violoniste exerçait encore après ce récital improvisé, où certains de ses coreligionnaires n'étaient pas loin de voir la main divine, protégeait Kyra de celles ou de ceux qui autrement lui auraient fait un mauvais parti.

---

17. Traduction habituelle de *goyim* (du latin *gentiles*, « nations »).

Elle tourna les talons et s'en alla avec la sensation qu'un regard chaud, presque brûlant, l'accompagnait jusqu'à la dernière maison du village.

*

Kyra poursuivit sa route. Par instants, un vertige la saisissait face à ce moutonnement des blés en pousse jusqu'à l'infini. Le regard n'accrochait rien d'autre à l'horizon que cette mer verte qu'un vent léger creusait de vagues. Au point qu'après des heures de marche, elle avait parfois l'impression de ne pas avoir avancé d'un mètre. Fort heureusement, le paysage changea en fin d'après-midi.

Les terres céréalières firent place à des pâtures entrecoupées de bois de bouleaux. À son passage, des chevaux accouraient depuis le fin fond en faisant résonner la terre. Encensant de la tête comme pour la saluer, ils passaient leurs naseaux humides entre les croisillons de la clôture. Elle pensa alors à French Cancan, qui s'en était allé crever sous les obus sur le front polonais. De tristes cogitations l'assaillirent. Qui connaît à l'avance le bout du chemin ? Elle crut entendre à nouveau le lamento du violon. Il lui fallut faire un violent effort pour chasser ces funèbres réflexions. Quel dommage de n'être pas douée, à l'exemple du musicien, d'un talent qui lui aurait permis de les exprimer tout en se libérant par ce biais !

Cela la fit sourire. Après tout, la nature s'en chargeait bien. Il n'y avait qu'à écouter les hennissements des cavales en rut, le caquetage des oies sauvages traversant le ciel de part en part et le chant métallique des grillons cachés dans l'herbe pour reprendre goût à la vie.

Le soir tomba. Et à nouveau, l'angoisse la prit. L'air virait à l'aigre. Pour s'en protéger, la jeune femme s'enveloppa le visage de son châle en ne laissant qu'une fente étroite pour les yeux. Maintenant, des ombres violettes pesaient sur le chemin des barrières à franchir. Tous les bruits lui paraissaient soudain inquiétants. Elle avait froid, faim et était exténuée. Seule sa volonté la poussait à aller encore de l'avant au lieu de s'abandonner au désespoir en s'affalant dans le premier trou venu.

L'énergie fut payante. Une flamme dansant dans l'obscurité l'attira comme une luciole. Elle tomba sur le campement d'un gardien de chevaux. Devant une cabane en rondins, la kacha cuisait dans une marmite en équilibre au-dessus d'un feu de bois. Kyra sortit quelques roubles de sa poche (de ceux empruntés à feu Laronov, qui n'en aurait jamais plus besoin) : « M'en vendrais-tu une assiette, camarade ? » L'homme tourna la tête vers l'arrivante. Sous les cheveux filasse dépassant de la casquette, la balafre qui traversait sa joue lui donnait une physionomie particulièrement inquiétante dans l'éclat changeant de la flambée : « Comme ça, t'as faim ? » Ses petits yeux profondément enfoncés sous des arcades sourcilières touffues cherchaient à deviner les traits de son interlocutrice à travers le châle. « Oui. »

Il prit l'argent et, sans autre commentaire, alla remplir une écuelle en la regardant se dévoiler. À son air surpris alors qu'il tendait l'assiette et une cuillère, la jeune femme sut qu'il ne s'attendait ni à la trouver si jeune, ni peut-être si belle. Mais l'estomac de la marcheuse criait bien trop famine pour qu'elle se préoccupât dans l'immédiat d'autre chose que du brouet brûlant, qui lui réchauffait les mains à travers le bois.

Debout, elle dévora la bouillie de sarrasin bienfaisante qui descendait dans son corps, irriguant tout son être d'une sorte de béatitude. Le gardien de chevaux se contenta de l'observer jusqu'à ce qu'elle eût torché les derniers grains gluants : « T'en voudrais p't-être encore une ? Gratis, celle-là... » Il avança, les mains en avant. Kyra savait ce qu'il voulait : « Ne me touche pas... J'suis malade. Un Cosaque de passage m'a laissé sa vérole. C'est pour ça qu'ils m'ont chassée du village... »

Le balafré recula comme s'il venait de poser le pied sur un serpent. Pour faire bon poids bonne mesure, elle ajouta, provocante : « J'peux t'en faire cadeau à mon tour. » L'homme hurla : « Fous le camp, salope ! » Laissant choir le couvert sur le sol, elle s'enfonça à nouveau dans le soir.

*

Les cris discordants des colverts la tirèrent d'un sommeil de plomb. Elle se dressa sur son séant et vit par l'ouverture de la hutte que le soleil était déjà haut dans le ciel. Depuis son algarade avec le gardien de chevaux, les aiguilles avaient parcouru un grand tour de cadran d'horloge. Dieu sait comment, en pleine nuit, elle était parvenue à cet abri d'osiers et de roseaux, qui devait servir d'affût du temps où il y avait encore des « messieurs » pour tirer le canard sauvage au fusil anglais sans souffrir des intempéries.

Que ce fut une cache de propriétaire se voyait au confort minimum que l'on y avait installé pour rendre plus agréable l'attente face au ventre lisse du vaste étang encerclé de joncs. Dans un coin, l'épaisse paillasse sur laquelle elle s'était effondrée. Des tabourets de bois attendaient devant les meurtrières. Et même, anachroniques en des temps qui n'étaient plus à sabrer le champagne, deux flûtes poussiéreuses posées sur une étagère donnaient à penser que nul n'était plus venu là depuis que la Russie avait sombré dans une tourmente suicidaire. Elle en prit une et s'amusa à en faire chanter le cristal en passant un doigt mouillé sur le rebord. Que ce verre si fragile eût survécu au chaos environnant lui donnait la sensation d'être également indestructible. Elle sortit en l'essuyant machinalement.

Toutes sortes de cris d'oiseaux l'accueillirent. Un bord de l'étang était envahi par les nénuphars blancs au cœur jaune vif, dont les minces et longues lianes s'entremêlaient dans l'eau en un fouillis inextricable habité par le coassement des grenouilles. D'oblongues formes noires filaient sous la surface de l'étang. Des écailles vif-argent effectuèrent un saut acrobatique avant de replonger vers les profondeurs. Quelques perdrix au ventre rouge s'envolèrent. Un craquement de brindilles fit se retourner Kyra.

Suivie d'un chevreau vacillant sur ses pattes encore grêles, une chèvre au poil brun tirant sur le jaune apparut et, découvrant l'intruse, opéra une volte-face et s'enfuit de toute la vitesse de ses sabots noirs en entraînant son petit. Sa course dérangea un gros lièvre, dont la jeune femme put tout juste apercevoir les grandes oreilles et la queue en plumet. À croire qu'uniquement préoccupés à s'affronter dans une folie collective et meurtrière, les hommes en avaient oublié le monde animal qui, n'étant plus pourchassé et détruit, pouvait croître et se multiplier à loisir.

Un bref moment, la fugitive se demanda s'il ne serait pas plus sage de rester cachée dans cet éden plutôt que d'affronter de nouvelles difficultés. Il y avait également ce qui avait fait sa vie antérieure. Même seule, elle obéissait à l'antique fatalité des masses condamnées à fuir un joug insupportable sans esprit de retour.

Deux heures durant, elle progressa à la même allure entre les champs de tournesols qui regardaient le soleil et la prairie brodée de liserons bleu pâle. Tout était calme dans la campagne. Seuls, des chiens aboyaient au loin tandis que des bécasses s'entr'appelaient plaintivement. Au passage d'un ruisseau enjambé par un pont bombé, elle descendit au bord et se désaltéra d'une eau de source glacée, qui cascadait sur des pierres moussues. Ce fut peu après que, longeant un bois, elle entendit à nouveau le timbre du violon.

Rien ne lui aurait été plus facile que de passer au large. Mais à nouveau, l'étrange charme de l'instrument agit sur elle. Non pas qu'il fut en train d'interpréter une de ces œuvres musicales qui vous prennent aux tripes ou à la gorge tant elles expriment l'essentiel des sentiments humains. Tout simplement, les accents endiablés étaient ceux d'une danse cosaque. Mais sous le rythme joyeux, Kyra discerna un je-ne-sais-quoi d'angoissé dans le jeu de l'interprète. Une sorte de fébrilité sous-jacente comme si l'existence de celui-ci ne tenait qu'au son produit par un archet vibrant sur les cordes. Impression aussitôt corroborée par un hurlement d'homme aviné provenant de derrière l'écran des chênes : « Ne t'arrête pas youpin ! Ou, foi de Grichka, j'te fais voir ta mort en face ! »

La jeune femme progressa, courbée. En prenant soin de ne pas écraser le bois mort. Une volonté plus forte que la sienne la poussait en avant. Tout aussi prise d'alcool, une autre voix gronda en éructant : « À genoux, maudit ! Joue pour demander pardon à Jésus de l'avoir encloué sur la croix. »

D'arbre en arbre, Kyra atteignit le dernier rideau de végétation ceinturant la clairière où se déroulait la scène dramatique dont elle venait d'entendre les échos. Attachés à des branches basses, trois chevaux sellés broutaient l'herbe grasse. Coiffés du bonnet cosaque, leurs cavaliers, adossés à des troncs, se repassaient une bouteille de vodka qu'ils buvaient au goulot. Déjà vidée, une autre avait été jetée à l'écart près des fusils disposés en faisceaux.

« Plus vite, juif, ou j'te crève ! » La chemise d'uniforme largement ouverte sur un torse velu et le visage hérissé d'une barbe de plusieurs jours, l'un des ivrognes s'était levé, vacillant, et saisissait un poignard recourbé dans sa ceinture. Campé sur ses jambes écartées, il dominait l'objet de sa vindicte que Kyra avait identifié avant même de l'avoir vu.

Le violoniste du shtetl était agenouillé au centre de la clairière. Face à l'homme qui le regardait de haut, il paraissait particulièrement vulnérable dans son habit noir trop étriqué. Sous la kippa d'où tombaient les bouclettes rituelles, le visage était d'une pâleur de cire. Son regard singulier, comme tourné vers le dedans, fit mal à l'observatrice de cette scène cruelle. À croire qu'il avait réussi à s'en abstraire mentalement. Son être physique était bien présent. Pour preuve, à bout de bras, l'archet accélérait même la cadence musicale en virevoltant sur les cordes. Mais son esprit semblait ailleurs, dans une dimension inaccessible au commun des mortels qui le mettait à l'abri de l'angoisse et de la souffrance. Quoique d'une écorce grossière, le Cosaque réalisa, comme la jeune femme, que sa victime avait trouvé un moyen de lui échapper par la seule force de sa spiritualité. Cela le mit en rage : « Juif, tu vas pourrir ici ! »

La lame effilée s'éleva dans l'air. Kyra ne sut pas s'expliquer comment la crosse du révolver de feu le tchékiste Laronov se retrouva dans sa main et son bras élevé à hauteur de visée. Faisant sauter le cran de sûreté, elle appuya sur la détente. La foudre tombant sur la cime des chênes n'aurait pas eu plus d'effet.

Stupide, le cavalier du Don regardait, à l'épaule, la tache rouge qui s'élargissait sur sa chemise. Il laissa tomber le poignard. Ses deux compagnons amorcèrent le mouvement de bondir vers les fusils. « Ne bougez pas ou je tire à nouveau ! » Ils se figèrent avec un retroussis féroce des lèvres et des yeux étincelants de fauves bloqués dans leur élan par le fouet du dompteur.

Kyra émergea du couvert. La voyant, Mendel Flüssvogel parut réintégrer son enveloppe corporelle avec une sorte de regret, comme si l'intervenante le dérangeait au milieu d'une expérience particulièrement intéressante. S'étant interrompu en voyant venir la mort, son violon dans une main et l'archet dans l'autre, il paraissait attendre les applaudissements du public sans quitter sa position humiliante. Kyra ordonna sèchement : « Relevez-vous ! » Il lui obéit. L'un des Cosaques pleurnicha dans ses longues moustaches : « Pourquoi qu'tu t'en prends à nous autres, bons chrétiens, ma colombe ? »

Un vague sourire au coin de la bouche, le violoniste fixa celle qui venait de le tirer d'affaire comme s'il espérait également une réponse un tant soit peu logique. Elle ne sut que répliquer. En effet, quelle raison supérieure à sa propre sauvegarde avait bien pu la pousser à intervenir ? Toujours comprimant son épaule de ses doigts qui s'ensanglantaient, le blessé cracha un jet de salive dans l'herbe. « Sois trois fois maudite pour avoir épargné un des bourreaux de Notre Seigneur et maltraité son serviteur. »

Une bouffée d'adrénaline échauffa la jeune femme. Qui était l'assassin et lequel était la victime ? Elle revit le musicien jouant de toute son âme pour les deux trépassés allongés devant leur isba incendiée et, aussitôt après, l'éclair du poignard prêt à frapper. La violence verbale dont elle se montra capable la surprit elle-même : « Fichez le camp ou je vous abats comme des chiens ! »

Ils ébauchèrent le mouvement d'aller détacher les bêtes qui avaient continué à brouter, indifférentes aux conflits opposant les humains. Elle agita son arme : « À pied. » Sans doute blanchi sous le harnais, le troisième Cosaque tenta de parlementer : « Sans nos flingots et nos cavales, c'est comme si tu nous envoyais tout droit à la Camarde. » Kyra reconnut la voix de celui qui avait menacé en premier, le dénommé Grichka : « Tu n'aurais que ce que tu mérites, charogne. Et sois encore heureux que je ne vous fasse pas creuser votre fosse et vous y ensevelir vous-mêmes. » L'homme se résigna avec un soupir : « Puisque tu en as décidé ainsi… » Il fit signe à ses compagnons de le suivre en ajoutant : « Dommage qu'au lieu d'un de ces officiers à épaulettes dorées, on n'en ait pas une comme ça pour nous commander. Les Allemands, on en aurait fait qu'une bouchée. »

Flattée malgré tout par le compliment, la colère de la jeune femme retomba comme un soufflé. N'étaient-ils pas tous des fétus de paille jetés dans la tempête ? Elle les regarda partir, la démarche traînante et avec un laisser-aller résigné de tout le corps (repérable au dos voûté et aux mains enfoncées dans les poches) qui n'augurait rien de bon de leur avenir. Soudain, Kyra en voulut à celui qu'elle venait de sauver. « Ce n'est qu'un juif et eux sont de la chair chrétienne et russe. » Mendel Flüssvogel lut ce débat (semblable à celui de l'ange contre le démon) sur son visage. Il eut un petit rire : « Vous pouvez encore les rappeler. »

Ignorant tout de cet amour si particulier aux enfants d'Israël consistant, tel l'agneau pascal, à se laisser trancher la gorge par le couteau du sacrificateur en demandant à ce dernier si ça ne le fait pas trop souffrir par hasard, Kyra ouvrit de grands yeux. Parlait-il sérieusement ? Comment aurait-elle pu savoir par ailleurs que ce jeune homme était un être de passions extrêmes que seule la musique avait pu canaliser jusqu'à ce jour ? Et également un individu tout à la fois ancré dans la certitude de sa valeur et habité (dualité due sans doute à l'addition du Sémite et du Russe en lui) par cette pulsion fatale des Slaves, l'autodestruction ? En quelque sorte, un « Karamazov » qu'il fallait protéger de lui-même dans les périodes où le doute s'emparant de son esprit lui faisait perdre la claire vision de ce qu'il pouvait apporter au monde uniquement en jouant du violon.

Et là, sauvé, pourrait-on dire, par le gong, il ne pouvait s'empêcher de se poser la question qui obsède tous les persécutés revenus de l'enfer : « Pourquoi ai-je été épargné plutôt qu'un autre ? » Puis comme s'il voulait laisser le temps à son interlocutrice de prendre un parti, il s'en alla récupérer l'étui que l'un des Cosaques avait envoyé balader d'un coup de pied à l'autre bout de la clairière et y rangea avec tendresse son instrument, prenant même soin de l'épousseter avec la peau de chamois qui s'y trouvait.

« Ne dites donc pas de bêtises. » Cette apostrophe prosaïque fit retomber la tension entre eux. Dès qu'il l'avait vue surgir,

Mendel avait reconnu la belle jeune femme aperçue au shtetl tandis qu'il interprétait le *Concerto* de Mendelssohn pour Rachel et Jacob en guise de prière des morts. Et qu'elle se soit à nouveau manifestée dans les circonstances dramatiques qu'il venait de vivre lui paraissait si étrange qu'il n'était pas loin de penser à un miracle. À un ange gardien chargé de lui apporter la réponse du Ciel et qui, maintenant qu'il se trouvait hors de danger, allait s'évanouir tout aussi brusquement qu'il était apparu. Mais le fait que cet ange l'ait tancé comme l'aurait fait sa propre mère le rassura. Un séraphin ne se serait pas exprimé d'une manière aussi banale. L'inconnue avait donc bien les pieds sur terre. En confirmation, elle ne s'occupait d'ailleurs que des choses pratiques : « Savez-vous monter à cheval ? »

Alors qu'elle replaçait le révolver sous sa veste comme s'il était parfaitement normal de se promener avec, Mendel opina de la tête. À l'exemple de nombreux petits campagnards, il avait souvent eu l'occasion de se retrouver sur le dos des rosses qui tiraient la charrue ou les carrioles. Après avoir attaché son étui à violon et son baluchon avec la courroie qui maintenait en travers du troussequin le paquetage et la couverture roulée du Cosaque dépossédé de sa monture, il se hissa tant bien que mal sur le Don[18], dont la nervosité ne manqua pas de le surprendre. Mais quoique cavalier peu émérite et malgré son anxiété de voir la bête s'emballer, il réussit à faire bonne

18. Race chevaline originaire de la vallée du fleuve Don.

contenance en regardant Kyra chasser le troisième animal d'une tape sur la croupe avant de sauter en selle sur la jument baie qui restait, avec une agilité qu'il lui envia.

Consciente de son effet, la jeune femme demanda : « Où allez-vous ? » Quoique surprenante, la réplique lui parut aller comme un gant à ce jeune homme capable de traverser une guerre civile uniquement armé de son violon : « En Amérique. »

*

Toute autre qu'une jeune femme ambitionnant de gagner cette *terra incognita*, Paris, aurait pu prendre pareille déclaration pour une fanfaronnade. En effet, de crainte que les Soviets ouvriers et paysans surgis en Russie ne viennent à essaimer sur toute la planète (ceux qui avaient fleuri en Allemagne au lendemain de l'armistice de 1918 avaient été écrasés d'une main de fer), les gouvernements français, anglais et américains s'étaient empressés de décréter le blocus de l'ex-Empire tsariste et filtraient rigoureusement les sorties aux frontières. Autant dire que franchir ce « cordon sanitaire » relevait d'un treizième travail d'Hercule. Surtout pour un juif ukrainien qui ne pouvait guère emprunter d'autre route que celle qui menait à Odessa. Hélas, unique fenêtre encore ouverte sur le reste du monde, le grand port de la mer Noire était tout aussi périlleux pour lui, parce qu'aux yeux des Blancs tout israélite était un communiste en puissance et, de ce fait, relevait de la loi martiale. Les atrocités étaient journalières. Les familles vivaient dans la terreur des raids cosaques. Aussi fallait-il être particulièrement audacieux ou inconscient pour aller se fourrer dans un pareil guêpier. Mais c'était sans compter la foi qui soulève des montagnes. Et les juifs avaient foi dans le Nouveau Monde.

Déjà sous Nicolas II, ils étaient coincés entre l'interdiction de demeurer dans les grandes villes – le *numerus clausus* limitant leur entrée à l'université et dans certaines professions – et les *pogroms* de plus en plus fréquents. La seule espérance d'une vie meilleure pour cette minorité persécutée se trouvait dans l'immigration vers New York, dont on racontait dans les shtetls qu'il suffisait de s'y procurer une machine à coudre Singer pour devenir milliardaire en dollars.

« *Eine goldènè mèdinè.* » Traduction littérale du yiddish : « une cité en or ». Bien entendu, il aurait fallu être un naïf indécrottable pour croire à ce mirage. Mais à force de le répéter, plus d'un s'était dit que mieux valait tenter de s'enrichir sur les rives de l'Hudson plutôt que de demeurer misérable sur les bords du Don ou de la Volga. Ne sait-on jamais ? Ainsi, depuis le début du siècle, des rafiots pourris avaient emporté sur leur pont et en leurs flancs malodorants des cargaisons de candidats à la quarantaine de Long Island, passage obligatoire pour tout immigrant avant de poser le pied sur le sol américain. Sur le pavé duquel, saigné aux quatre veines par le prix de la traversée, il se retrouvait sans le sou.

Ayant proclamé que tous les hommes étaient frères et que chacun recevrait dorénavant selon ses besoins, la révolution bolchévique aurait donc dû tarir cette émigration, alertée par les lettres des expatriés sur la dure condition qui attendait tout nouvel arrivant à Brooklyn, le quartier israélite de New York (en quelque sorte, le ghetto transplanté de l'autre côté de l'océan Atlantique). Qui pouvait être assez fou pour quitter un pays où demain on raserait gratis ?

Mais la pratique n'avait pas suivi la théorie et l'antique usage de faire payer aux juifs tous les maux de la terre avait survécu à toutes les propagandes. Pour se consoler, certains expliquaient que l'homo sapiens soviétique, modèle de concorde et de bonté, se trouvait encore dans le moule. Le malheur pour les enfants d'Israël était que son creuset ne pouvait être que le Russe inculte et brutal, imprégné par des décennies d'un antisémitisme manipulé par le pouvoir. Alors, n'ayant guère vu leur horizon s'éclairer sous l'étoile rouge, les shtetls étaient retournés à leurs vieilles lunes en soupirant après un nouvel exode qui les emmènerait loin de la terre slave.

L'objectif de Mendel Flüssvogel était donc également la grande métropole américaine en passe de devenir la première ville juive du monde. Mais le motif qui l'y poussait irrésistiblement était beaucoup plus noble que celui de la majorité de ses coreligionnaires.

La réussite matérielle ne lui apparaissait pas comme essentielle. En réalité, depuis un certain temps, des raisons philosophiques le poussaient à s'expatrier. Si l'autocratie tsariste avait utilisé le sémite en tant que bouc émissaire afin de détourner la colère du peuple, le messianisme communiste (auquel il avait cru dans le fol espoir né d'Octobre 1917) avait rapidement montré son vrai visage en refusant de protéger les shtetls considérés par le nouveau pouvoir comme des antres de la « Réaction » à cause du particularisme judaïque dont ils refusaient de se débarrasser malgré toutes les pressions. Et les dernières vingt-quatre heures, de quelque camp que puissent être les assassins, lui faisaient maintenant rejeter en bloc cet univers qui en était venu à sombrer dans la pire des barbaries et au sein duquel la moindre once d'autorité réveillait le tyran qui sommeille en tout être humain.

Face aux corps sans vie de Rachel et de Jacob, il avait même senti vaciller sa foi religieuse. Et c'était parce que les mots de la prière hébraïque refusaient de passer par sa gorge, incapable d'invoquer un Dieu de bonté et de miséricorde qui avait pourtant laissé s'accomplir le crime, qu'il avait exprimé son chagrin avec son violon. Un manquement au rituel funèbre qui avait déclenché l'ire des traditionalistes tout d'abord déconcertés, puis tenus malgré eux sous le charme. Ils s'en étaient rattrapés en des termes qui avaient donné à Mendel le sentiment que sa propre communauté était atteinte d'une fièvre obsidionale qui lui faisait voir des hérétiques là où il n'y en avait pas.

« J'avais toujours dit à ta mère, paix à son âme, que toute cette musique profane te tournerait la tête, mon garçon... Il n'y a donc plus rien de sacré pour toi ?... Même un *goy* n'aurait pas osé jouer du violon devant les morts... Voilà ce qui arrive quand on étudie le violon plutôt que la Torah... Ne t'approche plus des miens. Une brebis galeuse suffit à contaminer le troupeau. » Avec, dans les yeux, la flamme de cette spiritualité qui les soudait dans l'attente du Messie et qui n'admettait aucun écart, la main caressant leur barbe pour bien montrer leur profonde réflexion, ils lui avaient jeté l'anathème sans qu'il cherche à se défendre. À quoi bon ? Comment aurait-il pu leur expliquer que le plus grand hommage qu'il avait pu rendre à Rachel était de lui offrir l'accomplissement de son art musical ? Et que, tel le Juif errant, il n'arrêterait plus d'avancer sur terre avant d'avoir réalisé l'ambition suprême de cette *yiddishe mama* : voir son fils devenir un célèbre virtuose applaudi en Amérique.

Alors, après avoir confectionné un baluchon avec quelques hardes sauvées de l'incendie, son châle de prière et ses phylactères, il était parti le lendemain à l'aube en direction du sud, vers Odessa. Quelques verstes plus loin, la malchance lui avait fait croiser la route des Cosaques. Et seule la miraculeuse intervention de Kyra l'avait sauvé d'un sort qui, après qu'il leur eut servi de jouet, ne pouvait être que fatal.

*

Formé en des circonstances dramatiques, ce couple disparate galopant sur des chevaux d'emprunt aurait dû se défaire à la première occasion. En effet, il aurait suffi à l'ancienne comtesse Séméniovna de pousser un temps de galop pour distancer le musicien juif, bien piètre cavalier. Plus d'une fois, la jeune femme fut tentée de le faire en se disant qu'elle ne lui devait rien et qu'il ne ferait que la retarder ou pire, la mettre en danger. Mais, en se retournant, elle voyait se détacher sur le ciel la silhouette don-quichottesque (c'est-à-dire pathétiquement ridicule) du compagnon que le hasard lui avait fourni. Alors, partagée entre le rire et la compassion, elle ne put se résoudre à l'abandonner dans la nature.

Ils progressèrent ainsi, sans échanger un mot tout le restant de l'après-midi, et ne firent pas d'autres mauvaises rencontres. Hérissée du poil des blés jaunissants, la terre tendait son échine sous les fers de leurs montures à la crinière tressée en fines nattes à la cosaque. Ils évitèrent les hameaux éparpillés entre les cultures et ne firent halte que pour laisser les bêtes se désaltérer dans une mare.

La nuit vint. Et, pour eux, la fatigue, la soif et la faim. N'ayant jamais été accoutumées au frottement d'une selle, les fesses de Mendel avaient fini par brûler ce dernier à un point presque intolérable, mais sans qu'il laisse échapper une plainte. Lui aussi aurait pu rompre facilement l'étrange camaraderie muette de cette chevauchée en mettant pied à terre. Mais, comme s'il craignait de perdre sa protection, serrant les dents, il s'évertua à demeurer tant bien que mal dans le sillage de l'écuyère accomplie en se contentant de faire porter le moins possible le poids de son corps au contact du cuir lustré par les culs du Don.

En vue d'une ferme isolée, Kyra tira enfin sur les rênes de sa jument. Telle une étoile tombée de la voûte inaccessible où il en scintillait des milliers, une lumière brillait à une fenêtre. Le violoniste vint à la hauteur de sa compagne. Côte à côte, ils écoutèrent un moment le silence seulement habité par des frôlements.

La jeune femme sortit enfin de son mutisme : « Je possède quelques roubles. Nous allons demander à dîner et un coin de grange pour dormir. » Elle ajouta, volontairement provocante : « Mais si vous avez peur de... » Amusé, Mendel la coupa : « Pour quelle raison ? N'avez-vous pas votre révolver et moi, mon violon ? »

Pour la seconde fois (la première avait été lorsque le jeune homme lui avait laissé le libre choix de rappeler ses tourmenteurs), Kyra fut désorientée par une tournure d'esprit consistant à tourner en dérision aussi bien les risques que le malheur. Tant vitupérés par la bonne société du temps où elle n'avait rien à craindre, les juifs n'étaient donc pas tous des lâches et méprisables. Devinant sans doute ses pensées, il y eut un rire sans gaieté. « Les juifs sont à l'image du monde. Pourquoi faudrait-il qu'ils se montrent plus ou moins ordinaires que les autres ? » Ne sachant que lui répondre et un peu honteuse, elle poussa sa monture en avant. Ils entrèrent dans la cour tandis que surgissait un chien qui, craignant sans doute les ruades, aboya en se tenant à distance.

La porte de la bâtisse s'ouvrit. Les mains sur les hanches, une matrone au fichu noué sous le menton apparut dans l'encadrement et chercha à voir dans l'obscurité : « C'est-y toi, Pantéléi, vieil ivrogne ? » Kyra sauta à bas de sa bête et s'avança dans le rectangle de lumière provenant de la maison : « Le bonsoir, grand-mère. Nous nous sommes égarés. Un bol de soupe et des bottes de paille nous suffiraient… J'ai de quoi payer. » La face ronde s'amadoua : « C'est bien de saluer le vieux monde, ma fille. Les gens d'aujourd'hui sont devenus grossiers. Ils entrent sans même se faire pardonner au nom du Christ et ils vous prennent tout, soi-disant pour le distribuer au peuple… Comme si le peuple, c'était pas nous autres qui nous échinons sur la terre ! » Elle plissa les yeux : « Vous êtes deux ? » Pour la rassurer, Kyra dit vivement, sans réfléchir, en désignant Mendel, qui venait de mettre pied à terre à son tour : « C'est mon frère. » La vieille montra des anneaux scellés dans le mur : « Attachez vos chevaux. J'leur donnerai un picotin. Quant à vous... Mon homme doit être vautré soûl dans un fossé comme un cochon dans sa bauge, alors vous mangerez son souper et vous pourrez dormir dans la chambre du fils qui s'en est pas revenu de la guerre du tsar. Y'a un grand lit et quand on est sorti du ventre de la même mère, on peut bien partager la même paillasse... Dieu peut pas y voir d'offense. »

La chambre sentait bon les pommes mûrissantes. Maintenant que nul ne l'occupait plus, elle devait servir de resserre à la provision d'hiver. Un crucifix était accroché à la tête du lit. Sur la commode, dans un cadre barré d'un ruban de deuil, un soldat de vingt ans souriait de toutes ses dents qui ne jauniraient jamais.

Dès la porte refermée sur eux, la gêne s'installa entre les jeunes gens. Kyra n'avait jamais imaginé pareille cohabitation en inventant un lien familial. Maintenant, ils se tenaient de part et d'autre de la courtepointe dans l'éclat changeant de la lampe à pétrole. Ils étaient comme embarrassés de leur propre corps et du moindre mouvement capable de déclencher ils ne savaient quel processus qui pourrait les emmener trop loin. Depuis le jour où Rachel avait décrété qu'il était maintenant trop grand garçon pour venir encore se blottir contre la chaleur maternelle dans le lit conjugal, Mendel n'avait plus connu de contact intime avec une autre femme. Et dès qu'il avait été pubère, craignant que les plaisirs de la chair ne viennent à lui gâter le goût des études musicales, la *yiddishe mama* avait monté la garde. Allant même jusqu'à traiter de *kourvé*[19] une habitante du shtetl, soupçonnée d'être une Salomé en puissance, uniquement pour avoir invité le jeune homme à venir savourer ses beignets aux grains de pavot. Supposition peut-être pas totalement gratuite étant donné le physique avenant et la réputation d'artiste dont était auréolé le puceau. Qui, sommé en plus de se méfier des chrétiennes dont le seul but ne pouvait être que de l'amener à sa perte, était empêtré entre un désir sexuel bien naturel à son âge et le blocage induit par l'idée du péché.

En revanche, Kyra se sentait définitivement libérée de toute inhibition quant à une morale qui aurait voulu qu'elle reste fidèle contre vents et marées à l'époux reçu de Dieu. L'obligation où elle s'était trouvée de subir l'étreinte amoureuse de l'homme de la Tchéka et le plaisir qu'elle y avait pris, malgré la contrainte, lui avait ouvert les yeux sur la vanité des serments éternels face aux mystères du corps humain. Mais comme la vieille (qui n'avait cessé de jeter des regards suspicieux sur la calotte de soie d'où tombaient deux boucles de cheveux et à l'étui à violon que Mendel couvait comme le saint sacrement), tout lui paraissait étranger chez celui avec

19. Insulte en russe et en yiddish signifiant « prostituée ».

qui elle allait devoir passer la nuit. Étranger et également, bizarre. Ne s'était-il pas levé précipitamment au milieu du repas pour aller regarder dans la jatte où la fermière venait de casser les œufs de l'omelette ? La jeune femme avait ricané *mezza voce* en le voyant se rasseoir : « Vous craignez qu'elle y jette du poison ? » Il avait répondu comme s'il s'agissait d'une évidence que Kyra n'aurait pas dû ignorer : « Je m'assurais que le germe n'apparaît pas dans le jaune des œufs. »

N'ayant jamais entendu parler des règles diététiques de la loi hébraïque qui régente avec une minutie pointilleuse l'alimentation des fidèles, son interlocutrice s'était étonnée : « Et pourquoi donc s'il vous plaît ? » Il avait écarté ses mains blanches aux doigts longs et fins : « Parce que dans ce cas cette nourriture aurait été impure. Il est interdit de boire ou de manger le sang de l'animal, même en gestation. » Puis il avait ajouté : « Je suis désolé de me conduire en original à vos yeux. » Elle s'était à nouveau sentie irritée devant ces iris noirs, plus vieux que leur âge, qui lisaient en elle à livre ouvert : « Croyez-vous que l'époque soit encore à faire tant de manières ? D'ailleurs, si vous voulez que nous continuions à faire route ensemble, il va falloir changer quelque peu d'apparence. Votre allure vous désigne aux Cosaques, qui sont partout et qui haïssent les juifs comme vous avez déjà pu vous en rendre compte. »

Presque aussitôt elle s'était mordu la lèvre en s'en voulant d'avoir été trop brutale. Mais pourquoi donc appréhendaitelle tant de voir leurs chemins diverger ? Et comme cela aurait été rassurant si, à son tour, elle avait eu le pouvoir de deviner les sentiments qui agitaient un cœur aussi sensible à sa beauté qu'au romantisme de leur rencontre. Et qui, malgré le chagrin causé par la perte des siens et la situation angoissante dans laquelle il s'était trouvé, ne cessait de remercier sa bonne étoile pour cette compagne miraculeusement tombée du ciel. Mais cela, c'était le non-dit. Et l'immédiat était ce grand lit qui les séparait et qu'ils étaient censés partager. Il dit : « Je m'enroulerai dans la couverture par terre. » Kyra haussa les épaules : « Ne soyez pas stupide. Après une journée de cheval et les fatigues qui nous attendent encore, il faut profiter de tous les instants de vrai repos. Nous ne nous déshabillerons pas, voilà tout. »

Donnant l'exemple, elle s'allongea sans faire plus de façons. Tout en pensant qu'il devait la trouver bien délurée. Mais Mendel avait bien trop à faire avec lui-même pour se mettre à juger qui que ce soit d'autre. Comme tout bon juif, il était astreint depuis sa *Bar Mitzvah*[20] à rendre grâce au Seigneur, matin et soir. Seulement, comment le faire ouvertement devant une chrétienne sans paraître provocant ou risquer une nouvelle raillerie comme pour l'omelette de la vieille ? Subodorant, à son hésitation à venir se coucher, que quelque chose d'autre tracassait son coéquipier d'occasion,

20. Majorité religieuse d'un jeune juif à l'âge de treize ans.

la jeune femme lui tourna le dos en grognant : « Ne vous gênez pas pour moi. »

Il se décida alors à recouvrir sa tête de son châle de prière et commença à murmurer le *Shema* : « Écoute, Israël : l'Éternel est notre Dieu, l'Éternel est un ! Tu aimeras l'Éternel ton Dieu, de tout ton cœur et de toute ton âme... » Tandis qu'il psalmodiait à voix basse les versets hébraïques que ni la torture ni les bûchers n'ont jamais réussi à faire renier aux israélites malgré les persécutions séculaires, Kyra, jetant un regard vers la silhouette abîmée dans la prière, évoqua avec amertume la fillette qui s'agenouillait au pied de son lit, face à l'icône, pour réciter le *Notre Père*... Où était aujourd'hui cette enfant ? Peut-être n'avait-elle existé qu'en rêve. À moins qu'elle n'ait appartenu à une autre vie que la sienne. Soudain, elle fut au bord de crier sa rancune envers ce Tout-Puissant coupable d'avoir transformé l'univers d'une petite fille en un théâtre d'ombres. Mais l'engourdissement du sommeil la gagnait. Elle sentit, plutôt qu'elle ne vit, Mendel s'allonger à son côté. Et avant de sombrer dans l'inconscience, elle s'étonna quand même que la présence de ce jeune homme puisse lui faire si chaud en dedans.

*

« Réveillez-vous, s'il vous plaît. » Kyra émergea de sa léthargie. Le brouillard de l'aube voilait les carreaux. L'étole de soie rituelle sur la tête, Mendel se tenait debout près du lit. Sans doute avait-il voulu faire acte de foi avant que la jeune femme n'ouvre les yeux. Agacée une fois de plus, elle se dit : « Orthodoxe, il se serait fait moine. » Puis quelque chose dans le regard noir l'inquiéta. Elle s'assit : « Qu'y a-t-il ? »

Il mit un doigt sur ses lèvres en désignant la fenêtre. Elle y alla et aperçut dans la cour la vieille en conversation avec un paysan à la barbe rousse, appuyé sur une canne. Tous deux détaillaient la jument baie et le Don. Entrouvrant imperceptiblement le battant, l'ex-comtesse Séméniovna put entendre le commentaire du rouquin, qui désignait les crinières tressées en nattes : « Sûr que c'est bien de la cavale cosaque... C'deux-là, c'est du grain à moudre de la contre-révolution. Faut qu'tu les retiennes jusqu'à c'que j'ramène du renfort du Comité. » La fermière protesta : « Et comment j'fais ? J'sais point me servir d'un fusil et mon vieux est toujours pas rentré. »

Son interlocuteur regarda vers la fenêtre comme s'il pouvait deviner la présence inquiète des jeunes gens : « Ton Fédor, f'rait bien de cesser de critiquer le pouvoir des Soviets quand il a fait son plein de vodka. Y en a qui pourrait le prendre mal... Quant à toi, Advotia, t'as qu'à leur préparer une bonne soupe dans ta marmite à ces frérots. Ça s'refuse pas, il ricana, le temps qu'ils vident leur bol, on s'ra là pour les faire passer à la casserole. » La femme le retint par la manche : « Au moins, on me laissera les bêtes pour avoir prévenu ? » L'homme eut un rire bref : « De nos jours, mets-toi dans la tête qu'y a plus qu'du bien commun, camarade commère. Faut qu'tu t'y fasses. »

Il s'éloigna en claudiquant tandis que la vieille rentrait dans la maison. Mendel n'avait toujours pas ôté son châle de prière, mais Kyra n'avait plus aucune envie de se moquer de sa trop grande piété. N'était-ce pas par son canal que le Dieu des juifs venait de les avertir du danger qu'ils couraient ? Elle ouvrit grand la croisée et déclara : « On file par là. » Ce leur fut un jeu d'enfant de faire le mur. Kyra sauta la première, Mendel lui passa l'étui à violon et tous deux détalèrent jusqu'aux chevaux en train de ronger leur frein. Faisant ni une ni deux, ils se trouvèrent en selle alors que la vieille, s'apercevant du manège, leur criait du seuil de sa bâtisse : « Attendez mes pigeons ! J'vous ai réchauffé une kacha bien épaisse... Même qu'elle est salée. »

En une époque où on ne trouvait plus, hélas, un gramme de sel à acheter dans les campagnes (au point que les gencives des gens gonflaient du manque), c'était là faire miroiter un festin sinon de roi, puisque ce n'était plus à la mode, du moins de commissaire du peuple. Mais sourds à la tentation, les fugitifs cravachèrent leurs montures qui, reposées, ne demandaient qu'à piquer des deux, tandis que la femme gémissait comiquement en les regardant disparaître : « Si vous voulez aussi des crêpes sucrées... »

*

Au fond, il faut bien peu de chose à l'être humain pour se sentir heureux. Un parfum d'aventure, un péril évité et le sang qui bat plus fort et plus vite dans les artères font aimer la vie parce qu'on la trouve belle. De plus, être deux rend la circonstance encore plus piquante. Solitaires, Kyra ou Mendel n'auraient pu faire des gorges chaudes de la mine dépitée de la moucharde ni de la tête qu'allaient faire les gardes rouges rameutés par le rouquin en découvrant que les oiseaux s'étaient envolés. Difficile de se gausser de ceux qui viennent d'être joués si joliment s'il n'y a pas du répondant pour faire mousser les détails de l'affaire. Aussi, tout en galopant (l'hilarité faisait oublier au violoniste ses fesses meurtries par le cuir de la selle), chacun refaisait l'histoire à sa manière en brodant par plaisir. Au point que le fou rire fit plus pour les rapprocher que d'avoir frôlé la mort ensemble.

À les voir si joyeux, filant cheveux au vent, ils paraissaient invincibles. Plus âgés, sans doute auraient-ils réfléchi que pour s'être sortis sans dommage d'un guêpier, cent autres les attendaient avant d'atteindre Odessa. Et que rien n'est plus facile que de tomber de Charybde en Scylla. Qu'une embuscade les attendait peut-être à la corne du bois qu'ils étaient en train de longer. Mais la jeunesse n'a fort heureusement pas tout son bon sens. Présomptueuse, elle réclame le privilège de ne jamais avoir à envisager le pire. Sinon, à quoi servirait-il d'avoir vingt ans ?

D'ailleurs, comme pour fortifier leur vitalité, l'univers se faisait lumineux d'un coup. Catapulté de l'autre face de la terre, le soleil avait surgi, déchirant le brouillard en lambeaux vite dissipés et faisant scintiller la rosée qui couvrait l'herbe de perles d'argent. Éblouis par la splendeur du jour neuf, ils mirent leurs montures au pas. Le paysage changeait à l'approche du Dniepr. La grande plaine cernée par une boucle du fleuve faisait place à des vallons et des collines. De-ci de-là, des cerisiers sauvages en fleurs poussaient à la diable et les haies vives d'aubépines blanches ou roses exhalaient un parfum capiteux. Des sources murmurantes coulaient au creux des ravines.

Kyra mit pied à terre au bord d'un ruisseau cascadant sur des pierres plates et moussues. Levant les yeux, elle détailla impitoyablement Mendel qui, gêné, se tortilla sur sa selle : « On fait halte ? » La jeune femme soupira : « Vous vous êtes vu ? Votre dégaine ne peut que nous attirer des ennuis. » Il sauta à bas à son tour : « Je suis comme Dieu m'a voulu. Que puis-je y changer ? » Sans répondre, elle alla détacher le barda du premier propriétaire du Don et l'étala sur l'herbe. Il y avait une chemise d'uniforme kaki et une autre, pour les dimanches sans doute, avec des festons de couleur et le col boutonné à la russe, un pantalon noir, une paire de bottes, un bonnet cosaque, du fil, un étui d'aiguilles, du savon et un rasoir de barbier, dont Kyra fit étinceler la lame au soleil en l'ouvrant : « Avec cela je vais pouvoir vous raser la tête. » Il eut l'air effrayé et leva sa main vers son front comme pour protéger ses papillotes : « Mais cela va à l'encontre de... » L'ex-comtesse Séméniovna ne le laissa pas achever : « Vous voulez arriver au bout du voyage ou pas ? »

Comprenant qu'aucun argument (surtout pas talmudique) ne la convaincrait, il se contenta de hocher la tête affirmativement. Satisfaite de sa docilité, la jeune femme enchaîna : « Après vous enfilerez les culottes et les bottes, et vous cacherez cette toque sous la chapka. Quant à moi... » Elle alla défaire le fourniment sanglé sur la jument baie et constata qu'il était à peu près le même que l'autre : « Comme je ne suis plus à un sacrilège près, je compte bien me déguiser en homme pour éviter le sort que la soldatesque réserve en général aux femmes. »

Chapitre 4

Kyra recula de quelques pas afin d'admirer son œuvre. La boule presque à zéro, à la mode des cavaliers du Don, Mendel se sentit plus nu sous le regard de sa compagne que s'il avait été entièrement déshabillé. Il lui venait soudain comme une envie de pleurer, tant l'impression se faisait forte qu'avec ses cheveux et ses mèches rituelles c'était le dernier lien avec le monde de son enfance qui s'en était allé au fil de l'eau. Ainsi, il ne connaîtrait plus jamais la chaude ambiance criarde et l'intense spiritualité du shtetl, cocon protecteur, dont chaque heure était marquée par une fidélité exigeante à la règle religieuse. Là, il n'y avait jamais eu besoin de masquer ce qu'il était jusqu'au bout des ongles : un juif.

Face à ce désarroi apparent, celle qui venait, en quelque sorte, de le faire passer de l'autre côté du miroir réagit avec vivacité : « À New York, vous auriez bien été obligé de passer chez le coiffeur avant de donner des concerts. Vous vous voyez saluant le public américain avec votre ridicule calotte sur le crâne et vos espèces de bigoudis ?! » L'image le dérida. Sans doute avait-elle raison. Alors, un peu plus tôt, un peu plus tard... Il acquiesça. Elle lui tendit la lame effilée : « À mon tour. » À nouveau effaré, il la regarda. Elle était très belle dans la lumière du jour. « À votre tour de quoi ? » Kyra saisît sa longue chevelure noire et décréta : « Coupez. »

Voyant qu'il n'y avait pas à discuter, Mendel prit le rasoir et taillada maladroitement dans la toison douce au toucher avec la sensation de commettre une profanation de plus. Lourdes d'un parfum sensuel qu'il respirait involontairement, les mèches ébène tombèrent également dans le courant qui les emporta. Accrochée à la branche basse d'un saule, l'une d'elles résista un court instant à la force de l'eau vive avant de s'y abandonner d'une manière que l'on pourrait qualifier de lascive.

Agenouillée pendant toute l'opération, Kyra se releva. Presque ras, ses cheveux lui faisaient maintenant un casque noir qui mettait encore plus en valeur le vert des yeux, légèrement bridés à l'asiate, et les pommettes hautes des Slaves. Plus que jamais, ce premier trait montrait l'empreinte ineffaçable qu'avait laissée la domination mongole dans le sang russe. Interdit, Mendel la contempla. Épaté qu'au lieu d'avoir fait œuvre destructrice, ses doigts malhabiles aient, au contraire, réussi à magnifier à ce point l'éclat de sa compagne. Consciente de l'effet produit et plutôt ravie, la jeune femme n'en laissa pourtant rien paraître : « Maintenant on se change. »

Sans désemparer (mais n'était-ce pas la conséquence du contact qui se faisait de plus en plus intime avec quelqu'un du sexe opposé dont elle ne pouvait nier que, débarrassé de son particularisme judaïque le plus voyant, il lui paraissait fort attirant), elle ôta sa veste et fit passer sa robe par-dessus sa tête avec une impudeur provocatrice qui la laissa uniquement en caleçon et en bas. Mendel fut à la fois ébloui et effrayé par cette superbe semi-nudité offerte à son regard. Tout en se disant qu'il devrait se retourner, il savoura en homme (ce qui ne manqua pas de lui déclencher une réaction physique bien humaine, et dont il aurait été fort marri si elle avait pu se voir) et en artiste la ligne épurée de la nuque et du cou libérés du poids de la chevelure, les épaules rondes, la hardiesse émouvante des seins, la courbure voluptueuse de la hanche et la carnation blanche des cuisses rehaussée par la lisière des bas noirs maintenus par des jarretières. Elle rit de toutes ses dents parfaites : « Qu'attendez-vous ? »

L'esprit et le corps confus, Mendel commença à se déshabiller lui aussi, sans oser aller se cacher derrière un arbre après la façon hardie dont sa compagne s'était offerte en spectacle. Mais il était au supplice.

*

Les villageois regardèrent, sans y prêter plus d'attention, les deux Cosaques qui remontaient l'unique rue de la bourgade au petit trot. Pas un ne soupçonna que, sous l'étoile rouge du bonnet de fourrure de l'un et de la casquette plate régimentaire du second, se camouflaient un juif pratiquant (malgré la loi proclamant l'athéisme obligatoire) et une ci-devant comtesse, bien décidés à franchir la ligne de front afin de passer dans le territoire encore tenu par les Blancs. L'étui à violon attaché à la selle du premier aurait pu les intriguer, mais tous ceux qui s'y attardèrent eurent la même pensée : il s'agissait d'une prise de guerre que le cavalier ramenait en cadeau chez lui.

D'ailleurs, leur comportement montrait qu'ils étaient parfaitement en règle. Ils s'arrêtèrent même devant l'unique épicerie et le plus petit y entra acheter des pommes de terre et du pain. Le trouvant joli garçon, la marchande y ajouta des harengs fumés en le taquinant sur le fait qu'il avait encore une voix de fille qui contredisait l'aspect farouche que lui donnait le révolver passé dans sa ceinture. Sous la visière, le regard vert la fusilla littéralement : « Je n'ai que faire d'entendre tes fariboles, camarade, alors qu'il faut en finir avec la contre-révolution. »

En rendant la monnaie, la commère se le tint pour dit. Ce qui ne l'empêcha pas, en regardant par le carreau celle qu'elle prenait pour un cavalier du Don enfourcher son bai, de penser qu'un régime capable de transformer en fanatique un si charmant jouvenceau risquait de donner au peuple plus souvent à pleurer qu'à rire. Puis réalisant que de pareilles réflexions risquaient de lui amener les pires ennuis (certains n'affirmaient-ils pas que la Tchéka était même capable de lire dans les têtes ?), elle se dépêcha d'oublier une tournure séduisante qu'elle aurait pu comparer à un Saint-Just si son maigre bagage scolaire lui avait permis de connaître le bel archange intraitable de la Révolution française.

*

Dès la sortie du bourg, alors qu'ils reprenaient la piste sablonneuse en direction du sud, Kyra, ravie du personnage qu'elle venait d'interpréter avec tant de brio, ne put résister au plaisir de relater la scène à Mendel en riant. Lorsqu'elle en arriva à la peur qui avait rendu l'épicière muette, ce dernier lui fit reproche d'une attitude qu'il qualifia de bravache : « N'auriez-vous pas plutôt dû montrer quelque reconnaissance envers cette pauvre femme qui acceptait de vous vendre des poissons qui sont si rares et qui auraient fait le bonheur de bien des gens ? » Piquée au vif de s'entendre faire la morale, sa compagne lui rétorqua que, la prochaine fois, il n'aurait qu'à aller au ravitaillement lui-même et que l'on verrait bien ce qui arriverait. Sans s'émouvoir de cette réplique acide, le violoniste répondit en pince-sans-rire : « Je ne doute pas de faire un fiasco par gentillesse, là où vous avez réussi à améliorer notre ordinaire avec arrogance. Mais n'oubliez pas que si vous aviez eu la voix aussi grave que la mienne et un rien de défaut sur le visage, vous n'auriez également ramené que le strict nécessaire. »

Un roué n'aurait pas mieux tourné le compliment. Qu'il eût été prononcé à propos de prosaïques harengs fumés n'en diminuait en rien l'hommage rendu à la beauté de Kyra. Mais au lieu de s'en gargariser, la jeune femme ne voulut entendre que la critique de son attitude, et, ulcérée, lança uniquement pour blesser : « C'est bien d'un juif de se lamenter à propos de tout ! » Une phrase qu'elle aurait voulu ravaler aussitôt prononcée, mais il était trop tard, car, faisant pivoter son Don en tirant sur les rênes, Mendel lui faisait face, courroucé : « Et c'est bien d'une chrétienne de se croire le sel de la terre ! »

Le regard incendiaire, ils se fixaient tandis que, ne comprenant rien à cet arrêt brutal, leurs montures se regardaient avec de grands yeux doux et passifs. Rien n'aurait été plus aisé que de briser là définitivement. Chacun ne venait-il pas de lancer une flèche à l'autre sur ce qui concernait leur différence essentielle ? Kyra pensa : « Mais qu'ai-je en commun avec ce Sémite qui a d'ailleurs quelques années de moins que moi ? Plante-le là et adieu ! » Tandis que Mendel rognait intérieurement : « *Mamelé* m'avait bien prévenu qu'il n'y avait rien de bon à attendre de ces Dalilas éduquées dans la haine d'Israël. Va ton chemin sans bonsoir ! » Mais aucun des deux ne fit ce que lui conseillait une colère estimée pourtant fort légitime. Croire le contraire est ne rien connaître du mécanisme compliqué du cœur, qui trouve souvent dans l'affrontement verbal une manière d'exprimer tout l'intérêt qu'il porte à un bipède du sexe opposé en faisant tout pour attirer son attention sans que l'on puisse lui reprocher d'avoir fait des avances au cas où il ne serait pas payé de retour. L'indifférence n'a pas besoin de manifestation spectaculaire. En effet, à quoi bon faire des vagues avec quelqu'un dont vous vous fichez de la froideur réciproque ? Par contre, à leur insu parfois, des êtres jeunes et de sang chaud peuvent en venir à échanger des propos acerbes en ignorant qu'ils se jettent à la figure des mots durs comme ils s'enverraient des baisers.

Et c'est bien à ce genre de dispute d'amoureux avant la lettre que venaient de se livrer Kyra et Mendel, dressés sur leurs étriers, tels des coqs sur leurs ergots. Mais un trait méchant appelle une réponse tout aussi mordante. Les querelleurs auraient donc pu se dire des choses irréparables si, prenant soudain conscience de ce qu'ils allaient perdre en allant trop loin, ils n'avaient mis aussitôt une sourdine à leur désaccord. Kyra capitula la première en tentant de sauver la face : « Ce n'était qu'une expression toute faite qui m'est venue sans réfléchir. Je m'en excuse. »

Soulagé, Mendel se montra plus que magnanime. Quelle crainte il avait eu que l'impétueuse compagne donnée par la providence le laisse en plan alors que, dans l'immédiat, le bonheur de voyager en sa compagnie avait supplanté dans son esprit la nécessité d'atteindre Odessa au plus vite. « Je me suis moi-même laissé emporter bêtement. Et quant au reste, je sais très bien que nous, les juifs, avons la réputation proverbiale de gémir sans cesse. Ce qui n'est pas toujours faux. » Ils repartirent.

Rabibochés, ils retrouvèrent de l'entrain alors qu'un moment la chaleur leur avait paru bien lourde et l'éclat du soleil trop aveuglant. Se boudant, ils n'auraient plus senti à coup sûr que les piqûres des moustiques et l'inconvénient d'avaler de la poussière. Pire, s'ils s'étaient séparés, nul doute que leur moral à zéro augmentant leur fatigue aurait risqué de leur faire commettre une erreur de jugement en cherchant un autre contact humain parce que la solitude leur aurait pesé soudainement. Mais de pouvoir se sourire à nouveau leur fit oublier toutes les incommodités et la nature leur parut derechef aimable.

*

Pourtant au fur et à mesure qu'ils s'enfonçaient vers le sud, l'atmosphère se mit à changer. Tout d'abord à des détails. Les civils se firent de plus en plus rares, jusqu'à disparaître totalement. Plusieurs fois, il leur fallut se jeter sous le couvert pour laisser passer des camions bourrés de gardes rouges. De plus en plus, les portes et les fenêtres des maisons étaient ouvertes à tous les vents, comme si, obligés de déguerpir en catastrophe, leurs propriétaires n'avaient même pas eu le temps de les fermer. Bientôt, ils traversèrent des villages entièrement désertés par leurs habitants. Seuls quelques chiens faméliques et des matous furtifs hantaient les murs criblés de balles de ces lieux devenus fantomatiques. Tout au long de la piste, ils commencèrent à trouver des charrettes abandonnées. Celle-là, avec une roue cassée. Cette autre, le timon brisé. Elles avaient été basculées sur le bas-côté, répandant dans les hautes herbes leur chargement. Cela faisait d'étranges bric-à-brac de pauvres meubles, de matelas, d'outils, de batteries de cuisine et de souvenirs de famille.

Tout racontait au fil des verstes que le cours paisible de la vie avait été emporté par un maelstrom qui n'avait rien épargné tout en déclenchant l'exode de la population. Et de fait, contre la promesse de l'indépendance future pour la région après le rétablissement de l'autocratie par la force, les hommes de ces *sanitsas* s'étaient ralliés au général blanc Dénikine lors de l'ultime offensive de ce dernier en direction de Kiev. Leur cri de guerre avait été : « Après notre victoire, Dieu te garde, Tsar, dans ton Moscou de pierre et nous conserve, Cosaques, sur les belles rives du Dniepr et du Don ! »

Las, le sort des armes avait été contraire à un corps de bataille où les discussions à propos des préséances dues aux titres de noblesse et aux anciens grades l'emportaient sur la mise au point d'une véritable stratégie. Avec pour conséquence, le découragement des officiers subalternes qui, constatant l'impéritie de leur état-major, s'étaient mis à noyer leur pessimisme dans la vodka et cherchaient plus le trépas que le succès (qu'ils savaient uniquement provisoire) au combat.

Des atrocités furent commises par les deux camps. L'ordre de ne pas faire de prisonniers était exécuté d'un cœur joyeux. Pas de quartier. On les fusillait par petits paquets au bord des fosses communes qu'il n'y avait plus qu'à combler. Nul ne prenait soin d'en marquer l'endroit. Orthodoxes ou bolchéviques, ils ne laissaient aucune trace de leur passage sur cette terre. Et qu'ils fussent Rouges ou Blancs, les pires exécutants avaient été les Cosaques divisés. À croire qu'ils ne voulaient se laisser aucune chance de revenir en arrière ou d'obtenir le pardon. La très ancienne pratique russe de la terre brûlée était leur credo. De là, les villages dévastés et incendiés, les bêtes abattues, les femmes violées, l'ami d'enfance tuant sans remords le compagnon de sa jeunesse. Chacun rendant à l'autre la monnaie de sa pièce.

Aussi lorsque, contre-attaquant, l'Armée rouge prit définitivement le dessus, aucun rebelle ne voulut prendre le risque de laisser sa famille en arrière, de crainte de ne jamais la retrouver. Mêlées aux Blancs battant en retraite, les charrettes surchargées d'objets domestiques roulèrent sans répit en direction des ponts sur le Dniepr et le Boug, au milieu de la poussière soulevée par les bêtes meuglantes et les troupeaux de moutons que leurs propriétaires n'avaient pas pu se résoudre à abandonner non plus. Pendant des jours et des jours, sur la piste, retentit le concert des grincements de roues, des cris d'hommes, des pleurs des enfants, des hennissements des chevaux, du piétinement incessant de l'interminable cohorte. Puis le front se stabilisa de part et d'autre du fleuve.

C'était donc ce vaste espace vidé de sa population et dorénavant parcouru uniquement par les convois militaires que Kyra et Mendel devaient traverser.

*

Toute la journée, les jeunes gens avancèrent sous le soleil. Plus soudés encore qu'auparavant au sein de cette grande solitude où rôdait la mort, dont la présence était presque palpable lorsqu'ils passaient dans un village aux murs grêlés de balles ou mutilés par les obus. Même leurs montures allèrent sans trêve de l'avant, comme si elles aussi espéraient atteindre enfin un lieu où la vie se manifesterait autrement que par des envols de corbeaux dérangés par leur approche et qui s'en revenaient s'acharner sur des carcasses de bétail dès que les cavaliers étaient passés. Au pied d'un arbre, un squelette d'homme, dont les os blanchis avaient été nettoyés de leur chair aussi parfaitement que ceux des vaches ou des chevaux, fit tressaillir Kyra qui se signa.

La nuit vint. Au cœur du silence angoissant, une étoile filante fulgura à travers le ciel noir comme de l'ardoise. Dans son for intérieur, la jeune femme émit un vœu. Celui de trouver un endroit où faire halte. Souhait qui se trouva exaucé une verste plus loin lorsqu'un bois dressa sa masse sombre fort opportunément sur leur passage. Elle dit : « On campe ici. » Le violoniste soupira : « Dieu, merci. » Elle réalisa seulement alors l'effort de volonté qu'il avait fallu à son compagnon, cavalier par nécessité et non par plaisir, pour être resté en selle tant d'heures d'affilée sans se plaindre. Elle compatit en riant : « J'ai moi aussi les fesses en capilotade. »

Que Kyra évoque avec tant de sans-gêne une partie de son corps dont les dames ne parlent généralement pas en public prouva à Mendel à quel point ils étaient devenus « camarades ». Et non pas à la manière des bolchéviques, pour qui se terme ne faisait que remplacer le vocable « monsieur » ou « madame », mais à l'ancienne façon, qui signifiait une réelle familiarité. Ainsi, le cœur réchauffé, le cuir lui brûla moins et il aida à l'installation du bivouac en rassemblant du bois mort en un tas auquel l'ex-comtesse Séméniovna mit le feu à l'aide du briquet trouvé avec les cigarillos dans les poches du tchékiste de Kiev qu'elle avait expédié si proprement *ad patres*.

La flamme s'éleva jetant une clarté trouble alentour. Une nuée de papillons s'en vint immédiatement tourbillonner autour. Ayant trouvé une plaque d'herbe un peu plus loin, les chevaux faisaient entendre une sorte de raclement régulier. Assis de part et d'autre du brasier, dont les pétillements exhalaient une bonne odeur de feuilles mortes calcinées, ils alimentèrent celui-ci jusqu'à ce qu'ils puissent faire cuire des pommes de terre sous la cendre chaude. Quoiqu'un peu brûlées et sans sel, les tubercules à la peau devenue craquante leur parurent délicieux accompagnés des harengs obtenus grâce à la fine cambrure de Kyra en cosaque.

Puis le foyer n'étant plus qu'un miroitement de braises qui faisait penser aux yeux d'une queue de paon, ils le firent repartir avant de dérouler les couvertures faisant partie du barda des militaires en campagne. Mendel allait s'envelopper dans la sienne qui sentait fort la crasse et la sueur de son précédent propriétaire lorsque sa compagne l'interrogea : « Voudriez-vous me faire un grand plaisir ? » Quelle question ! Elle lui aurait demandé de décrocher la lune qu'il aurait dit oui. « Je vous en prie. » La jeune femme alluma son cigarillo au bout du tison : « Jouez pour moi. » Elle alla s'asseoir à l'appui d'un tronc et, emmitouflée dans le plaid kaki, ôta sa casquette d'uniforme perdant ainsi le dernier détail qui lui donnait un aspect androgyne. Ces yeux allongés en amande, ce pur ovale, ces pommettes hautes que le feu maquillait de leurs lueurs changeantes ne pouvaient appartenir qu'à une femme.

Tout en prenant son violon dans l'étui et en le calant soigneusement entre son cou et son épaule, Mendel se repaissait de ce tableau qui lui paraissait atteindre le summum de la beauté. Même le fait qu'elle fume comme un homme lui semblait admirable. Subjugué, il en oubliait les recommandations de sa défunte *mamelé* pour qui une créature qui pétunait ne pouvait être qu'une fille de mauvaise vie. Donc, une *shikse*. Mais, depuis deux jours, il avait eu tout le loisir de constater à quel point cette classification arbitraire était injuste et, ayant mentalement levé la barrière imposée tant par les chrétiens que par les juifs sous prétexte de ne pas souiller la race, il n'était plus préoccupé que de choisir le morceau qu'il allait interpréter pour son unique auditrice. Alors qu'elle le laissait se concentrer en savourant son petit cigare, il opta enfin pour les *Caprices* de Niccolo Paganini et attaqua les premières mesures.

Dans les années qui suivraient, jamais Kyra ne pourrait oublier cet instant magique. Le feu se mourait. Les feuillages frissonnaient au-dessus de sa tête. La fumée âcre et chaude du tabac emplissait ses poumons. Face à elle, le violoniste jouait les yeux fermés, baroque dans sa tenue de cavalier du Don interprétant la composition si italienne du musicien génois du début du XIXe siècle. Enchantée par l'archet virtuose, le feu d'artifice des sons, la débauche harmonique et vertigineuse, la brillance des traits serrés soulignés par les *pizzicati*, elle-même en vint à clore les paupières pour entrer encore plus en communion avec ce concert improvisé donné juste pour elle.

L'accord final lui fut comme un arrachement, une retombée sur terre. Elle allait remercier l'artiste lorsque, la devançant, des applaudissements enthousiastes provenant d'une seule personne éclatèrent dans l'obscurité. En réflexe, la main de la jeune femme se posa sur la crosse du révolver passé à sa ceinture. Ironique, une voix d'homme lança dans la nuit : « Si j'avais voulu, j'aurais pu vous tuer dix fois tous les deux. » Avec une carrure d'ours des Carpates dans un blouson de cuir et un pantalon informe, l'individu qui émergea de l'obscurité n'était armé que d'une bouteille à demi-pleine de ce qui devait être de l'alcool. Il ricana à l'adresse de Kyra : « Attends... Je ne suis pas un voleur de pommes. D'ailleurs, elles sont à tous, maintenant. » Il tendit le flacon à Mendel : « En gage d'admiration, camarade. Même à Moscou, je ne me souviens pas avoir applaudi une pareille virtuosité. »

Son violon dans une main et l'archet dans l'autre, le violoniste se contenta de refuser de la tête. L'autre haussa les épaules : « Tu as tort. Mieux vaut mourir de vodka que d'ennui. » Il but au goulot avant de convier Kyra à l'imiter : « Et toi... cracherais-tu aussi sur ce nectar ? » Un détail dut l'intriguer, car il s'approcha pour la dévisager avant d'avoir un petit rire : « Mais c'est que notre joli cœur du Don est une demoiselle ! » Il se retourna alors vers Mendel et le scruta avant de constater : « Et toi, tout grand artiste que tu es, ça m'étonnerait fort que tu aies tété le lait maternel à une mamelle cosaque. »

Armé du révolver, le poing de Kyra jaillit de sous la couverture : « Que nous voulez-vous ? Mieux vaudrait passer votre chemin. » Avec une vivacité que l'on n'aurait pas attendue d'un si gros homme, ôtant sa casquette de voyou, l'intrus en balaya la nuit d'une révérence de cour : « Maxime Fiodorovitch Palenki pour te servir, camarade qui me donne du vouvoiement gros comme le bras en un temps où cela est devenu fort suspect. »

L'ex-comtesse Séméniovna se maudit d'avoir employé l'ancienne tournure à la deuxième personne du pluriel. Mais, par ailleurs, il était évident qu'elle et Mendel sentaient déjà le fagot aux yeux de l'inconnu. Alors un peu plus un peu moins, qu'importait ! Elle balança sur le parti à prendre tandis qu'il la regardait, paisible comme savent l'être les colosses sûrs de leur force. Une reprise du feu éclaira par en dessous le large front bombé sous des cheveux bruns qui auraient eu bien besoin du coiffeur. Un nez aquilin, des arcades proéminentes soulignées de sourcils touffus, le personnage devait être dans la quarantaine.

Comme s'il devinait que Kyra venait de faire sauter le cran de sûreté avant de poser l'index sur la gâchette, Palenki la provoqua : « Que de cruelles pensées sous ce crâne charmant, il brandit la bouteille, me laisseras-tu au moins le temps de boire à ta santé le dernier verre de mon existence ? » Cette attitude de clown tragique ne fit ajouter qu'à l'irrésolution de la jeune femme. La liquidation physique du sbire des Organes de Kiev n'avait pas peuplé ses nuits de cauchemars. Afin d'échapper à la sinistre cave de la Tchéka, il ne lui était pas resté d'autre alternative que d'appuyer sur la détente. Mais l'homme qui se tenait devant elle n'avait manifestement aucune intention menaçante. Au contraire, l'air intéressé, il attendait qu'elle se décide, pesant d'un pied sur l'autre comme les plantigrades domptés que les Tziganes promènent au bout d'une chaîne dans les foires. Braquer une arme sur lui paraissait ridicule et elle lut dans le regard de Mendel que le violoniste pensait de même. Que jamais il ne lui pardonnerait une exécution qu'il ne manquerait pas de qualifier de gratuite.

Difficile de démêler ce qui fit pencher la balance. Était-ce la passion naissante (que Kyra ne croyait être encore qu'un profond intérêt de mélomane pour un instrumentiste hors pair) qui lui fit craindre, en se souvenant de leur algarade du début de la journée, qu'un geste trop définitif de sa part envers l'importun ne pousse le violoniste juif à faire une croix sur l'accord complexe qui s'était établi malgré leurs différences ? Ou bien fut-ce sa propre incapacité à décharger le Mauser sur un ivrogne auquel l'éclat mourant du foyer donna soudain une dimension surnaturelle en le cernant d'une lumière rougeâtre, tel un saint auréolé d'or dans une icône ? Toujours est-il qu'elle abaissa son arme et, ne sachant plus trop quelle contenance prendre après ces quelques minutes d'extrême tension, réagit en femme du monde comme s'ils se trouvaient tous trois dans un salon : « Je vous en prie... Asseyez-vous. »

Maxime Fiodorovitch Palenki partit d'un éclat de rire jovial : « C'était quitte ou double, belle enfant. » Il aboya un ordre bref. Baïonnette au canon, deux soldats rouges surgirent de la nuit, où ils avaient tenu en joue les jeunes gens tout le temps qu'avait duré cette conversation. Kyra regretta de ne pas avoir pressé la détente. « Voilà donc le bout de la route. *Nitchevo.* » Mendel se baissa pour ranger son violon et l'archet dans leur étui comme s'il s'agissait de la seule chose qui put lui importer en un pareil moment. Le colosse commanda : « En route ! »

Le train de l'Agit-Prop[21] stationnait en rase campagne au fond d'une coulée de la voie ferrée qui traversait la colline de part en part. C'était sans doute justement la hauteur des talus faisant écran qui avait empêché les fugitifs, quoique très proches, de percevoir le doux halètement régulier de la locomotive sous faible pression. Le convoi était composé d'une quinzaine de wagons hétéroclites reliés entre eux (sauf trois de marchandises et une plate-forme hérissée de plusieurs mitrailleuses Hotchkiss) par des soufflets. Le blindage

21. Agitation-Propagande.

avant de la puissante machine haut-le-pied était surmonté d'une faucille et d'un marteau géants découpés dans de la tôle peinte en rouge écarlate. Toutes les vitres étaient aveuglées par des tentures de fortune afin d'éviter qu'un avion ennemi ne repère la chenille illuminée.

Le couple de soldats rejoignit ceux qui étaient restés battre la semelle tout au long du remblai. Un curieux cliquetis émanait de la voiture dans laquelle les jeunes gens se hissèrent à la suite de Palenki. Ils en eurent l'explication en traversant le wagon-salon, dont il n'était resté de l'époque faste que les boiseries sombres et les rideaux grenat garnis de pompons dorés. Une presse typographique crachait quantité de tracts que des hommes en bras de chemise et des femmes au corsage largement ouvert à cause de la chaleur d'étuve mettaient en petits paquets dans un brouillard de fumée de cigarette, où crépitaient également des machines à écrire. À cette ambiance de ruche active, s'ajoutaient des éclats de voix à propos de la meilleure formule à employer afin d'amener les régiments du parti adverse à retourner leur veste après s'être débarrassés de leurs officiers.

Croyant avoir affaire à des Cosaques, l'un des rédacteurs, voulant connaître l'avis des vrais combattants, plaça devant les yeux de Kyra un des feuillets à l'encre d'imprimerie encore humide : « Sais-tu lire au moins ? » La jeune femme le lui prouva : « Sache que si tu rejoins les rangs de notre vaillante Armée rouge, on te donnera l'occasion de te racheter en te battant pour le bonheur et la liberté du peuple... » Étonné par la tonalité de la lectrice, l'autre l'interrompit après y avoir regardé de plus près : « Écoutez, camarades... C'est une farouche amazone qui s'adresse à vous. Les temps nouveaux sont enfin venus. Même les Cosaques acceptent maintenant les femmes dans leurs escadrons. » Ce qui aurait été une première, car si l'on trouvait des combattantes dans les régiments prolétariens, les cavaliers du Don et du Donets n'en continuaient pas moins de cantonner le sexe faible dans les travaux du ménage ou des champs en réservant aux seuls mâles l'ivresse guerrière des charges héroïques.

Aussi, Palenki n'eut pas de peine à refroidir le bel enthousiasme qui venait de s'exprimer : « Ne va pas imprimer de pareilles bêtises, Matveï, ou il t'en cuira... Manquerait plus que les Cosaques s'imaginent que nous, les communistes, voulons détourner leurs épouses et leurs filles de ce qu'ils estiment être le droit chemin. » Ne voulant pas s'avouer vaincu, l'interpellé désigna le Mauser passé dans la ceinture de Kyra que le colosse n'avait même pas pris la peine de confisquer : « Et ça... c'est peut-être un plumeau, Maxime Fiodorovitch ? » Tout le wagon éclata de rire. Sauf Mendel, sa compagne et leur guide. L'ex-comtesse Séméniovna attendait la suite avec fatalisme. Sa nuque lui faisait déjà mal à l'endroit où entrerait la balle. Et la réplique de Palenki ne la rassura en rien : « En tant que commissaire politique de ce train, il pointa le doigt vers l'arme de sa prisonnière, si je décide que ceci est une balayette, ça le sera, sous peine de s'opposer à une décision du Parti... » Le ton demeura jovial, mais on y sentait comme une menace sous-jacente : « Aurais-tu la bonté, camarade Matveï, de me dire à quoi sert cet objet ? » Son interlocuteur donna lui aussi l'impression de continuer à plaisanter : « Un plumeau pour la poussière sans l'ombre d'un doute, camarade commissaire politique. Mais alors, il baissa les yeux vers l'étui à violon au bout du bras de Mendel, ceci doit être une mitrailleuse lourde. » Les rires reprirent de plus belle. Beau joueur, Palenki s'y joignit.

Kyra trouva l'atmosphère étrange. La crainte qu'inspirait le colosse était presque palpable. Pourtant, en toute occasion, l'homme semblait de bonne compagnie. N'avait-il pas même fait cadeau du restant de sa bouteille de vodka aux deux soldats qui les avaient escortés ? Elle attendit la suite avec le détachement d'une personne qui est convaincue de n'avoir plus que quelques instants à passer sur terre. Mais Palenki se montra à nouveau totalement déroutant en posant une main amicale sur l'épaule du violoniste : « Il faudra trouver une couchette et des rations pour ce grand virtuose qui a décidé de mettre son art au service du peuple. » Malgré sa situation désespérée, la jeune femme ressentit une sorte d'élan de joie. Au moins, lui échappe à un sort funeste. D'autres qu'elle l'écouteront donc. C'est peut-être mieux ainsi. « Adieu. »

Mais il était dit qu'elle n'était pas au bout de ses surprises, car le responsable communiste enchaîna : « Qu'on voit également à fournir une place à la camarade et des vêtements plus conformes à son sexe, sa voix prit une inflexion mordante, il ne faudrait pas que, privé de sa muse cosaque, notre beau rossignol bolchévique cesse de chanter comme celui de l'empereur de Chine en nous obligeant également à lui ôter la vue pour lui faire retrouver sa chanson. »

*

En tant que comptable du bon esprit politique et du moral de chacun à bord du train de l'Agit-Prop, le colosse disposait d'un compartiment pour lui seul dans l'un des trois wagons de première classe transformés en dortoirs. Quelques vêtements pendaient sur des cintres accrochés. Des papiers étaient étalés sur la tablette. Entrant d'abord, Palenki se laissa tomber sur l'unique couchette et considéra sans mot ses nouvelles recrues.

Kyra se décida à rompre le silence : « Devons-nous vous remercier ? » Son interlocuteur balaya l'air de la main comme pour dire : « Pas de ces foutaises entre nous. » L'œil se fit perçant sous les sourcils buissonneux : « Je ne sais qui vous êtes... Je ne sais d'où vous venez... Je ne sais où vous alliez... Par contre, je sais que vous me mentirez si je vous questionne. Donc vos prénoms suffiront. » Le violoniste dit : « Moi, c'est

Mendel… et elle, Kyra. » Palenki répéta comme s'il voulait se les mettre en tête : « Mendel et Kyra… Kyra et Mendel… Une catéchumène et un circoncis, hein ? Enfin, c'est votre affaire et la seule religion qui compte aujourd'hui, c'est de ne plus en avoir, il pointa un doigt menaçant vers eux, mais n'allez pas croire que j'ai eu pitié de vous. Je collerais mon propre frère contre le mur si je savais qu'il est un ennemi des Soviets. »

La locomotive hulula tendrement dans la nuit et, avec une secousse, s'ébranla et prit de la vitesse. Le commissaire politique ne parut pas s'en apercevoir : « Vous êtes encore en vie seulement parce que toi, Mendel, tu possèdes un don exceptionnel. Même du temps où la cavalerie des mots était ma seule arme, aucun concert ne m'a donné le plaisir de celui que tu viens d'offrir sous les étoiles. » Un éclair de regret brilla dans son regard : « Eh oui, je fus poète… » Il récita : « Mais la terre avec laquelle ensemble on gela, jamais ne peut s'en rompre l'amour… » Il cria presque : « Notre terre russe assiégée de toute part ! » Sa voix martela : « Aujourd'hui, je ne suis plus qu'un militant… »

Kyra l'interrompit presque malgré elle : « Et demain ? » Il tonna : « Demain ? Comme des milliers d'autres, je serai ce que le Parti voudra que je sois, il fixa le violoniste, mais en attendant, il n'est plus question que tu joues uniquement pour les beaux yeux de ta dulcinée et pour mon vague à l'âme, camarade Mendel… Ton talent appartient au peuple et tu vas l'en faire profiter. Nous rejoignons le front du Boug en tenant des meetings en cours de route. J'entends que tu te produises en ouverture. Et gare ! Si tu fais trop de fausses notes… c'est ta Kyra qui y passera la première. »

*

La semaine durant, le train de l'Agit-Prop roula droit au sud. Une journée aurait pourtant suffi pour parcourir la distance qui le séparait du front s'il n'avait marqué un arrêt prolongé à chaque gare. En effet, si la majeure partie de la population cosaque des villages avait fui avec les Blancs, celle des petites villes (composée d'Ukrainiens, de descendants des colons russes ou allemands implantés là au temps de la Grande Catherine, et de juifs qui n'attendaient rien de bon de personne) était demeurée sur place. Les ouvriers des fabriques s'y trouvaient d'ailleurs entièrement acquis au nouveau régime. Mais après trois années de guerre civile et leur cortège de douleurs et de privations, encore fallait-il leur insuffler un regain d'enthousiasme par des propos mobilisateurs. Quant aux petits bourgeois inquiets pour leurs maigres privilèges, sans en espérer un ralliement fort improbable à la doctrine de la propriété collective, les bolchéviques tentaient de les amener à une adhésion résignée en leur faisant miroiter l'intérêt qu'ils auraient à rejoindre les masses prolétariennes triomphantes avant le dernier coup de canon. En laissant entendre, de plus, que ceux qui auraient joué l'attentisme se retrouveraient au ban d'une société qu'ils n'auraient pas contribué à bâtir. Restait la jeunesse de tous bords, dont on avait un pressant besoin au combat. À son égard, le discours était héroïque et promettait que, sous les Soviets, comme pendant la Révolution de 1789, chaque engagé volontaire aurait dans sa giberne son bâton de maréchal ou au moins ses galons d'officier.

Encore fallait-il emmener tout ce monde aux meetings en plein air de l'Agit-prop en sachant que nombreux seraient ceux qui s'abstiendraient d'y venir, de crainte des mouchardages au cas où le sort des armes basculerait derechef en faveur des Blancs. Se révélait alors fort utile un certain sens de la mise en scène, que Maxime Fiodorovitch Palenki avait acquis en fréquentant en habitué les coulisses des théâtres moscovites, du temps qu'il n'était qu'un intellectuel sans réelle conscience politique.

Dès l'aube, toutes les ouvertures du train spécial étaient garnies de bouquets de drapeaux rouges dominés par la faucille et le marteau géants dressés à l'avant de la locomotive. Cela lui conférait (les mitrailleuses ayant été également décorées d'oriflammes coquelicot) un air de char fleuri pour défilé du Mardi gras.

Ding ! Ding ! Ding ! Ding ! En entendant tintinnabuler la cloche du château d'eau, Kyra se hâta de rejoindre, sur le quai de la gare de Batoutina, ses partenaires du « tableau vivant » de l'agriculture. Les femmes en blouse brodée à manches bouffantes, jupe corolle et bottes rouges et les hommes en chemise largement échancrée sur des torses puissants étaient censés représenter les fermes collectives (les kolkhozes) créées dans les régions pacifiées de la toute nouvelle URSS. L'allégorie des combinats de l'industrie lourde était également présente en bleu de chauffe et les visages passés au noir de charbon pour faire plus réalistes. Le troisième groupe symbolisait les artistes ralliés à la révolution. En tutu et ballerines, quelques danseuses tenant la pose de la mort du cygne entouraient un prestidigitateur qui faisait voltiger, s'alterner, se croiser en l'air ses boules multicolores dans le dos de Mendel, violon dans une main et archet dans l'autre, droit comme un « I » dans un frac d'emprunt un peu trop étriqué.

Juché sur le tender de la locomotive, porte-voix au poing, Maxime Fiodorovitch Palenki parcourut d'un œil satisfait cette mise en place destinée à dégager une impression de concorde et de félicité tandis qu'alignés impeccablement tout au long du convoi, les soldats de l'escorte, uniquement armés de leur révolver à la ceinture, en imposaient par une force tranquille qui voulait prouver qu'elle n'avait pas besoin de fusils pour se faire respecter et assurer la sécurité.

Venant du cœur de la ville, une *Internationale* entonnée à pleins poumons augmenta d'intensité. Le cortège apparut, précédé d'étendards écarlates. Des faces rudes, des visages fermes, des trognes enluminées, des têtes ascétiques au teint ivoirin des icônes, jeunes et vieux côte à côte, hommes et femmes mêlés, tous marchaient en rangs compacts en chantant « la lutte finale... » Bien qu'elle ne partageât pas leurs idées, Kyra se sentit remuée au tréfonds de son être par cette masse humaine simple, grave qui, d'une voix unanime (et avec ce don pour vocaliser en chœur que les Russes et les Allemands partagent), lançait les strophes révolutionnaires :

Du passé faisons table rase...
Le monde va changer de base...
Nous ne sommes rien. Soyons tout !

C'était comme si tout le peuple russe, qu'elle ne pouvait s'empêcher tout à la fois d'admirer et de haïr parce qu'il l'avait rejetée de son sein, avançait dans sa direction en la menaçant de sa ferveur et de son espérance. Alors que les manifestants s'agglutinaient sur le quai de part et d'autre de la locomotive et des « tableaux vivants », elle souffrit un instant d'être exclue de cette communion. Mais la vue de quelques individus, allant et venant l'œil aux aguets parmi la cohue, qui suivaient le défilé des prolétaires, la consola en quelque sorte d'être frappée d'ostracisme en lui montrant ce qu'il pouvait y avoir aussi de factice dans cet apparent enthousiasme général. Combien n'étaient là que par peur de la Tcheka ? Lesquels seraient, un jour prochain, accusés de trahison et exécutés ?

Quelle était l'ampleur de la sincérité dans un univers qui avait basculé cul par-dessus tête ? Et soudain, dans l'ombre des naïfs fixant avec dévotion l'orateur dressé sur le charbon, elle devina la présence des calculateurs froids, des fonctionnaires tatillons, des profiteurs de tous poils, des mouchards.

Une plèbe grouillante qui devait se gausser en sourdine du paradis socialiste (qui verrait chacun recevoir selon ses besoins) qu'était en train d'évoquer Maxime Fiodorovitch Palenki : « L'anneau du blocus nous enserre... Les canons fournis par la France et l'Angleterre aux stipendiés du tsarisme, alliés à la bourgeoisie, bombardent notre république des Soviets ouvriers et paysans... Face aux riches du monde entier, nous demeurons un îlot hérissé de baïonnettes... Mais demain, camarades, le prolétariat universel se soulèvera à notre exemple contre l'oppression du dollar, de la livre et du franc. Mais en attendant ce jour de gloire, il nous faut faire bloc... » De la main, il désigna successivement chacun des éléments de sa mise en scène : « Travailleurs de la terre... Compagnons des ateliers et des usines... Artistes... Frères... Un de nos plus grands virtuoses russes va se produire devant vous. Hier encore, son talent était réservé à ceux qui se considéraient comme l'élite... » Sa voix tonna : « Camarade Mendel... joue pour le peuple ! »

Malgré plusieurs prestations devant de pareils rassemblements depuis qu'il avait été accueilli avec sa compagne à bord du convoi de l'Agit-Prop, le trac saisit, comme chaque fois, le violoniste alors que s'établissait un grand silence attentif. Les mains moites, le cœur battant à un rythme accéléré, les jambes en flanelle, il lui fallut forcer sa nature pour avancer de quelques pas tandis qu'il n'avait qu'une envie, angoissé par la crainte de ne pas se montrer à la hauteur des paroles flatteuses qui venaient d'être dites : courir loin. Puis il ferma les yeux pour s'abstraire de tout ce qui n'était pas la musique. Et, comme en chaque occasion, le miracle se reproduisit, chassant la peur, lui communiquant la certitude qu'il ne faisait qu'un avec l'archet et l'instrument. En un éclair, il se remémora la *Première Partita* de Jean-Sébastien Bach, dont la vivacité et l'élégance lui semblaient devoir se marier admirablement avec l'éclat d'une belle journée du début de l'été.

*

Semblable à celui que ferait un gros bourdon, un bruit venant du ciel augmenta rapidement jusqu'à se transformer en celui de plusieurs moteurs vrombissants. Dérangé dans sa concentration, Mendel rouvrit les paupières. Tous les regards s'étaient braqués vers le ciel. Sur le tender, même Palenki tendait le cou en direction de l'éther. Les trois aéroplanes, des avions SPAD français, arrivèrent au-dessus de la gare avant que quiconque ait pris réellement conscience du danger. Ce ne fut que lorsque, tournoyant comme un vol de milans, ils descendirent à toute vitesse vers la foule que des cris d'épouvante fusèrent : « C'est les Blancs ! »

Les avions passèrent au-dessus des têtes dans un rugissement terrible, assourdissant, ployant les corps vulnérables tels des blés couchés soudain par un vent furieux. Leurs ombres ailées cachèrent à tous la lumière du soleil pendant des secondes interminables tandis que leurs mitrailleuses crépitaient. Des chapelets de balles zigzagantes perforèrent les chairs. Les gens tombaient comme des quilles ou s'affalaient mollement. Le sang gicla sur les drapeaux, dont les porteurs gisaient dans la poussière, ajoutant du rouge sur le rouge. D'abord stupide de peur, la foule réagissait maintenant à l'image d'un troupeau de bœufs affolés par l'odeur de l'abattoir, s'escaladant, piétinant les plus faibles, tournant en rond dans le vain espoir d'échapper aux grands oiseaux d'acier qui s'en revenaient sans répit parfaire leur œuvre de mort. Sur son perchoir, Maxime Fiodorovitch Palenki leva le poing en l'air avant de s'effondrer, la face contre le charbon. Geste dérisoire dont on ne saurait jamais s'il s'était agi du dernier salut d'un militant communiste intraitable ou de l'ultime manifestation d'un esprit libre provoquant les déités implacables. Les deux peut-être.

Tiré brutalement de son immersion musicale, Mendel était demeuré debout uniquement par la force paroxystique dégagée par le vacarme ambiant. Qui, à son oreille, devenait une symphonie démente composée du hurlement des moteurs, du tac-tac-tac lancinant des mitrailleuses, des cris de terreur, des plaintes des blessés, des pleurs, des coups de fusil sporadiques tirés en pure perte par les soldats épargnés (les servants des Hotchkiss de la plate-forme ayant été mis hors de combat dès les premiers passages des SPAD).

Tout le temps que dura l'attaque aérienne, entouré des danseuses qui, dans leurs tutus éclaboussés de sang, figuraient pour de vrai cette fois la mort du cygne, le jeune homme demeura les pieds cloués au sol, en habit à queue de pie, le violon d'une main, l'archet dans l'autre, comme un soliste qui attendrait le signal d'un chef d'orchestre invisible pour se mettre en vedette. Puis le tumulte strident s'apaisa d'un coup. Renonçant à s'acharner plus longtemps, les avions repartaient par où ils étaient venus. Dans le ciel redevenu paisible et uniquement bleu, le ronronnement à nouveau régulier des moulins diminua d'intensité jusqu'à se perdre définitivement.

Il ne resta sur place que la souffrance, les larmes et les odeurs de sueur, de merde et d'urine, conséquences de la peur panique. Et, les dominant toutes, celle de la vie qui s'écoulait par quantité de blessures dans la poussière. Secouant la tête comme des boxeurs sonnés qui cherchent à retrouver leurs esprits, les survivants se mirent en quête de proches, dont ils avaient été séparés pendant ce qu'ils avaient calculé être une éternité alors que trois minutes ne s'étaient pas écoulées depuis le premier tir.

Angoissé à l'idée de ce qu'il était convaincu de découvrir, Mendel n'osa pas avancer jusqu'à l'amoncellement humain en bottes rouges ou noires qui, quelques instants auparavant (cela paraissait si loin maintenant), campait fièrement un groupe de paysans collectivistes au sein duquel souriait Kyra.

*

Prisonnière sous le grand corps inerte qui l'avait fait choir dès le début du raid meurtrier, Kyra entendait dans un cauchemar éveillé des voix criant au secours ou réclamant un pope tandis qu'oubliant toute prudence, d'autres mettaient les Rouges et les Blancs dans le même sac en appelant à la paix, quel que fût le vainqueur. Se débattant afin d'échapper à l'étreinte asphyxiante du cadavre, rempart involontaire qui, comme pour se venger de lui avoir sauvé la vie aux dépens de la sienne, semblait à présent vouloir la retenir parmi les morts, elle tenta en vain de ne pas penser à ce qu'il devait être advenu de Mendel. De l'imaginer les yeux fixes et écarquillés sur une dernière vision d'horreur, comme les iris dilatés de la masse de chair flasque sous laquelle elle se contorsionnait, lui était proprement insupportable. Ramassant toute son énergie, elle réussit enfin à faire basculer les deux cents livres de chair passive qui l'oppressaient et respira goulûment en se redressant. Malgré le spectacle dramatique, une joie sauvage, incontrôlable, l'envahit. Indemne, toujours dans l'attitude d'un concertiste attendant le signal de la baguette, incroyablement surréaliste avec son violon et son archet au milieu des gisants de toutes sortes, le violoniste la contemplait, incrédule, ébahi de tant de chance.

Tels des automates, les jeunes gens marchèrent l'un vers l'autre sans cesser de se dévorer du regard. Puis enfin face-à-face et après que Mendel eut laissé tomber son instrument de musique dans la poussière, ils s'étreignirent en amis avant de se palper littéralement sous toutes les coutures pour s'assurer qu'ils n'avaient pas de blessure cachée. Alors rassurés, ils eurent une sorte de rire muet qui respectait la douleur étalée alentour tout en exprimant le bonheur de se savoir mutuellement saufs. Mais repérant soudain un individu en blouson de cuir, qui se contentait de regarder d'un œil glacé les médecins et les infirmières accourant avec des brancards, Kyra réalisa combien il pouvait être dangereux pour eux de s'abandonner plus longtemps à l'attendrissement des retrouvailles.

Bien évidemment, les chapelets de balles traçantes n'avaient fait aucun distinguo entre les tchékistes éparpillés dans la foule et ceux qu'ils étaient chargés de surveiller. La plupart avaient été criblés comme le voisin. Mais dressés à l'efficacité, les quelques rescapés, sans prendre le temps de manifester la moindre compassion envers leurs collègues trépassés ou gravement touchés, humaient déjà l'air à la recherche de suspects, comme des chiens qui flairent le gibier dans le vent. Pour eux, il était clair que quelqu'un avait averti les Blancs de la halte que le train de l'Agit-Prop devait faire en gare de Batoutina.

Inutile de plaider le hasard. Aussi, ancrés dans cette certitude, il ne faisait aucun doute qu'ils ne tarderaient pas à mettre en état d'arrestation tous ceux qui leur sembleraient louches. Des résultats négatifs amèneraient fatalement leurs supérieurs hiérarchiques à subodorer de l'incurie ou pire, de la complicité. Accusations graves pour lesquelles il n'y avait qu'un seul verdict : une balle dans la nuque. Et maintenant que Maxime Fiodorovitch Palenki n'était plus qu'un cadavre qui avait piqué du nez dans le charbon, nul ne paraîtrait plus soupçonnable aux yeux de gens décidés à trouver des coupables à tout prix que les deux inconnus ramenés au cours d'une belle nuit par celui qui aurait justement dû se montrer le plus vigilant, mais dont le jugement, au dire de beaucoup, était trop souvent faussé par l'abus de la vodka. Aussi, ayant surpris ces ragots de couloir au cours du voyage et voyant l'un des subordonnés du commissaire disparu murmurer quelque chose à l'oreille d'un autre de ses camarades en basses œuvres, l'ex-comtesse Séméniovna, qui ne devait sa survie au cours de ces années agitées qu'à un sixième sens toujours en éveil, ne douta pas un instant qu'il ne s'agisse de s'assurer de la personne d'un certain violoniste et de sa compagne. Remarquant alors des survivants qui emportaient les morts de l'autre côté de la gare vers une charrette où on les empilait, elle désigna le prestidigitateur qui, même dans l'au-delà, gardait l'air surpris. Comme s'il se demandait par quel tour de magie ses boules multicolores et inoffensives avaient bien pu se changer en des guêpes d'acier mortelles qui l'avaient transformé en passoire. « Aidez-moi. »

Déjà, elle avait saisi le cadavre par les pieds. Mendel l'imita en prenant l'escamoteur sous les aisselles. Tandis qu'ils commençaient à marcher à petits pas tant la charge inerte était lourde, Kyra repéra que le second tchékiste retenait son acolyte par la manche. Elle en déduisit qu'il conseillait d'attendre que toutes les victimes soient ramassées avant de procéder à des arrestations. En effet, dans l'état de désolation où se trouvait maintenant plongée une partie de la population, tout incident qui pouvait apparaître comme une offense envers les défunts de Batoutina en dérangeant la tragique cérémonie de leur transport aurait pu mettre le feu aux poudres. Cela s'était déjà produit en plusieurs points de l'Ukraine avec pour conséquence la création de communes libres et de milices qui, indépendantistes jusqu'au bout du fusil, pourchassaient indifféremment les Blancs ou les Rouges. Afin de les mater, il avait fallu retirer du front des régiments qui y auraient pourtant été fort utiles. Aussi, les ordres étant d'agir dorénavant avec doigté, Kyra et Mendel purent traverser la gare avec leur funèbre fardeau sans que nul ne leur mît la main au collet. Se forçant à demeurer sourds aux plaintes et aux cris des victimes les plus gravement atteintes qui recevaient les premiers soins à même le plancher, ils émergèrent dans la rue.

Clopinant, ceux qui avaient eu la chance de ne recevoir qu'une légère blessure s'en allaient tant bien que mal en direction de l'hôpital. Des familles emportaient leurs morts de crainte qu'ils soient jetés dans une fosse commune. Les deux jeunes gens s'approchèrent de la charrette sur laquelle l'empilement des corps faisait un méli-mélo de bras, de jambes et de têtes ensanglantées. Les préposés à ce macabre office se saisirent du prestidigitateur : « Et un... et deux... et trois... hop ! » L'artiste en tours d'adresse voltigea dans les airs (numéro qui eut fait sa fierté s'il avait été capable de l'accomplir de son vivant) avant de retomber avec un bruit mou parmi les trépassés. Jetant un regard en arrière pour s'assurer qu'ils étaient à l'abri du regard des tchékistes, Kyra lança : « Filons ! » Mendel parut hésiter. Elle s'étonna : « Qu'attendez-vous ? » Il murmura : « Mon violon... »

Quoiqu'il sût depuis l'instant où il avait laissé l'instrument en arrière qu'il lui faudrait l'abandonner, la réplique lui fit l'effet d'un coup de trique. « Des violons... il y en a des milliers et des milliers par le monde alors que vous ne possédez qu'une vie. »

Nul doute que, voyant son fils placé face à l'éternel dilemme d'Israël depuis la destruction du temple de Jérusalem – mourir en s'obstinant à rester entier ou abandonner une partie de soi-même pour survivre (alternative à laquelle, menacés par les bûchers de la Sainte Inquisition, les marranes espagnols ou portugais se résolurent tout en demeurant secrètement fidèles à la Loi de Moïse malgré l'abjuration et une pratique apparente du christianisme) –, Rachel Flüssvogel n'eut pas manqué de lancer avec dédain : « Qu'est-ce qu'une *goy* pourrait bien comprendre à la tristesse juive ! »

Mais la *yiddishe mama* n'était plus là pour proclamer un droit à la différence que Kyra, qui ne connaissait que trop le chagrin d'avoir tout perdu, aurait parfaitement pu lui dénier en estimant que ses propres malheurs pesaient bien aussi lourds dans la balance que ceux qui accablaient son compagnon. Pourtant, elle était remplie de compassion pour lui en devinant les regrets qui l'assaillaient. Mendel s'efforça de chasser les images qui défilaient en accéléré dans sa tête. La famille faisant cercle autour du violon posé sur la table. Un petit garçon, lui, le prenant dans ses mains avec la révérence que l'on doit manifester aux rouleaux sacrés de la synagogue. *Reb* Avrom Hersch lui donnant sa première leçon. Posé sur le rebord de la fenêtre un jour de l'été 1914, le petit passereau brun qui l'avait écouté jouer avec la plus grande attention avant de reprendre son vol. Il était grand temps de l'imiter, mais encore fallait-il commenter son déchirement intérieur en le traitant avec toute la dérision nécessaire : « Bon... quel dommage qu'un violon n'ait pas de jambes pour s'enfuir également. Mais moi, Dieu merci, j'ai toujours les deux miennes. Alors, courons. »

*

Ils marchèrent trois nuits d'affilée en direction du Boug, dormant le jour dans des cachettes improvisées et se nourrissant de baies sauvages et d'œufs trouvés dans les poulaillers des villages à l'abandon. Au fur et à mesure de leur progression, les tirs sporadiques de l'artillerie se firent plus présents.

Au soir de la quatrième journée, un vendredi, alors que Kyra pressait Mendel de se remettre en route, le jeune homme déclara tout uniment : « Impossible. » Elle le regarda, stupéfaite. Sous la clarté de la lune, son habit de concertiste froissé et trop ample lui donnait plus l'apparence d'un épouvantail à moineaux que d'un être humain raisonnable. « Et pourquoi donc, s'il vous plaît ? » L'inquiétude la saisit : « Êtes-vous malade ? » Il lui sourit avec l'indulgence que se doit de manifester l'adulte averti pour l'ignorance de l'enfant : « C'est shabbat. »

L'ex-comtesse Séméniovna, pour qui la seule obligation du jour du Seigneur était d'aller à la messe, frappa la terre du talon de sa botte avec impatience : « Ça ne vous empêche pas de marcher que je sache ! » Il ne se départit pas de son angélisme : « Nous ne devons ni travailler, ni voyager, ni faire quoi que ce soit d'autre que de prier Dieu jusqu'à demain au coucher du soleil. » Elle tenta de le mettre en contradiction avec lui-même : « Pourtant, la semaine dernière… » Il s'en tira par une pirouette talmudiste : « C'était le train qui roulait. Pas moi. »

Incapable d'entrer dans cette trop subtile interprétation des règles religieuses, Kyra le provoqua : « Si vous tenez à vous faire prendre, grand bien vous fasse ! Nous avons déjà eu de la chance d'échapper aux Rouges qui nous recherchent. Moi, je pars. » Mendel soupira : « Comment vous en empêcher ? » Ajoutant avec ce qui pourrait passer pour un doux entêtement d'ivrogne : « Moi, je dois demeurer ici pour bénir le nom du Seigneur. » Tant d'inconscience et de résignation face au péril mirent la jeune femme hors de ses gonds : « N'espérez pas me voir obsédée par le remords de vous avoir laissé là. C'était votre choix... » Devant son impuissance à le faire bouger, la colère fit trembler sa voix : « Tenez... vous n'êtes... vous n'êtes... vous n'êtes qu'un juif ! » Une fois encore, les mots ayant dépassé sa pensée, elle se mordit la lèvre de contrariété. Pourquoi fallait-il donc qu'il la pousse toujours à bout en manifestant tant d'indifférence pour ce qu'il pouvait advenir de lui ? Ne voyait-il donc pas quel prix elle attachait à sa vie ? Sans qu'elle ait encore fait un pas, en l'entendant répondre avec douceur, elle eut l'impression que la distance qui les séparait venait de s'allonger démesurément : « Un juif... C'est exact, mais que pouvons-nous y changer vous et moi ? »

*

Décidée à s'éloigner au plus vite de son compagnon, Kyra marcha d'abord d'un pas rageur. Mais contrairement aux autres nuits si belles tant qu'ils avaient avancé ensemble, la lune de celle-ci lui paraissait blafarde et les étoiles souffreteuses. Même les cris des oiseaux nocturnes semblaient chargés d'angoisse tandis que la canonnade grondait au loin. Passant au grand galop, un escadron de cavalerie la fit se jeter dans les fourrés bordant le chemin. Les ombres étirées par l'éclat de l'astre froid fondirent sur elle avant de se dissoudre dans l'obscurité. Un moment encore, le martèlement de la furia ferrée se fit entendre decrescendo avant de s'éteindre tout à fait comme si la terre s'était entrouverte afin d'engloutir la marche infernale. Elle repartit à une allure beaucoup plus modérée.

Déjà la séparation lui pesait. « Avait-on déjà vu pareille tête de mule !? » Le cœur lourd, elle se demanda si Mendel endurait la même déchirure. « Mais non, il prie. » Sans s'en rendre compte, elle marchait de moins en moins rapidement. Tout à la fois freinée par l'intense regret de ne plus sentir la présence du violoniste à son côté et poussée quand même de l'avant par un reste d'orgueil qui lui défendait de faire demi-tour. « Il ne manquerait plus qu'il s'imagine que tu ne peux plus te passer de lui ! » Et pourtant, il fallait bien admettre que même son propre salut lui paraissait dérisoire si c'était au prix de la perte qu'elle venait de faire. « Et, même si Dieu le veut, réussirais-tu à franchir le Boug sauve, pourrais-tu te regarder dans une glace après l'avoir abandonné alors qu'il obéissait uniquement à la religion de ses père et mère ? Toi-même, ne devrais-tu pas tomber à genoux et implorer le pardon de tes fautes afin de ne pas te présenter en état de péché devant ton Seigneur ? »

Sans même en prendre conscience, la jeune femme s'était arrêtée au milieu du chemin.

Silhouette solitaire, elle restait immobile dans la clarté lunaire, assaillie d'interrogations, offrant une cible parfaite.

Embarrassée que les ressorts de son âme lui apparaissent brusquement si contradictoires. Mettant tout sur le compte de ce complexe de culpabilité censé habiter tout Russe (elle avait lu *Crime et Châtiment* de Fiodor Dostoïevski) ce qui n'était en fait que la réaction bien naturelle d'un sentiment amoureux qui n'avait pas fait encore surface. Confondant fraternité et passion. Pitié et attirance profonde. Croyant qu'elle serait poursuivie par le remords, quoiqu'elle en ait dit en quittant Mendel, d'avoir refusé son soutien à un artiste exceptionnel alors que son tourment réel venait en grande partie de l'attrait physique qu'elle ressentait à son égard. Il lui sembla soudain entendre le violon dans la nuit. « Tu sais bien que c'est impossible. Il l'a laissé à Batoutina. » Croyant chasser le son fantôme, elle fit quelques pas en avant et stoppa de nouveau. « Il serait criminel de priver l'univers d'un pareil musicien. Essaie de le sauver. Même si tu ne dois faire qu'une bonne action au cours de ton existence, que ce soit celle-là. » Elle ne voulut voir dans cette décision qu'une volonté de se régénérer par un choix vertueux. Pauvre excuse qui ne lui servait qu'à masquer la vraie raison qui lui faisait soudain opérer volte-face.

Tenaillée par la crainte qu'il ne soit déjà trop tard, elle fit le chemin en sens inverse avec des semelles de vent. « *Adonaï eloaïnou mélere oïnom...* » En entendant le psaume hébraïque, son soulagement fut tel qu'elle en rendit mentalement grâce à son Dieu orthodoxe.

*

Voyant réapparaître Kyra, Mendel se contenta de lui sourire sans cesser de prier avec ce curieux balancement d'avant en arrière qui faisait penser à un arbrisseau doucement agité par la brise sous le croissant lunaire. Mais cette désinvolture apparente n'était qu'une affectation. Un croyant ne s'y serait pas trompé. Monocorde auparavant, sa voix était maintenant remplie d'allégresse. L'alléluia avait enchaîné le récitatif. Chaque mot du *qiddoush*[22] sonnait dans la nuit comme un remerciement envers la divine providence, qui venait de le combler en lui rendant sa compagne qu'il avait vue partir avec déchirement. Tout en estimant qu'il n'était au pouvoir de personne de combler le fossé spirituel qui les séparait. Ne lui avait-elle pas crié « juif ! » avec acrimonie ? Pourtant, ce qu'il aurait considéré comme une injure venant d'une autre bouche, lui avait paru dans celle-là une marque d'intérêt. Un désir de le sauver de lui-même en l'obligeant à secouer le joug religieux qui l'amènerait immanquablement à sa perte. Mais comment faire comprendre à une chrétienne, sans le lui reprocher, que c'était justement cette épithète trop souvent proférée pour outrager sa communauté qui l'obligeait à la stricte observance des règles s'il voulait conserver sa dignité ? Qu'en s'affirmant tel qu'on le qualifiait, il bravait la persécution dont Israël était victime depuis deux millénaires ?

---

22. Bénédiction du début du shabbat.

Aussi, quoique s'ajoutant à la perte des siens et celle de son violon, ce départ, qui le plongeait dans une solitude amère, l'avait en quelque sorte soulagé. Mieux valait la perdre elle aussi, plutôt que de supporter son dédain une fois le monde normal retrouvé. À ce point de renoncement, il s'était demandé si cela valait encore la peine de lutter. Mais fort heureusement, même si sa raison lui conseillait de ne pas espérer un retour fort improbable, il n'en avait pas moins gardé un brin d'espoir chevillé dans un coin de sa tête tout en adjurant le Ciel de protéger la jeune femme au cours de son entreprise aventureuse, même si cela devait avoir pour effet qu'il ne la revoie jamais.

Et voici qu'elle était là de nouveau. Ils n'échangèrent pas un mot au sujet de son absence. À croire que Kyra ne s'en était jamais allée. Sa litanie hébraïque achevée, Mendel vint s'asseoir près d'elle et dit simplement : « Je vous remercie du fond du cœur. » Puis comme s'il le devait, il évoqua pour sa compagne retrouvée la vie du shtetl.

*

À l'écoute de cette voix douce empreinte d'une grande nostalgie, l'ex-comtesse Séméniovna commença à entrevoir ce qu'étaient les îlots de la vie juive éparpillés au sein du vaste océan russe. Des univers clos, où cent années ne comptaient guère plus qu'une, tant le temps semblait s'y être arrêté, figé par les traditions et la misère (seuls héritages transmis de génération en génération avec la foi mosaïque et ses 613 règles qui régentaient jusqu'au moindre détail du quotidien et des jours de fête). Mais qu'importait la pauvreté puisque, éternellement présent au milieu d'eux, leur dieu les faisait princes loqueteux à sa cour tandis que chaque journée aride les rapprochait du but promis : le salut. « Ne possédant rien, tout au moins sur le plan matériel, ils étaient entièrement libres d'interpréter la parole d'En-Haut, de philosopher ou de rêver. Nous sommes la patrie des *tsadikim*, qui se prennent pour la réincarnation des trente-six justes qui sont le sel et la conscience de l'humanité… Celle des *wunderrabbi*[23], dont chacun attend la guérison de ses maux… et enfin le pays des *luftmenschen* que nous appelons ainsi parce qu'ils semblent tirer leur subsistance uniquement de l'air qu'ils respirent. »

Par la pensée, Kyra se promena au sein d'un univers empreint de mysticisme, de merveilleux, de folie douce et de baroque plaqués sur le plus grand dénuement. Se reflétant dans le métal argenté du samovar, elle crut voir danser les flammes des bougies sur la nappe blanche qui donnait un air de fête à la masure des Flüssvogel. Plongée dans une sorte de somnambulisme, c'est tout juste si, revenant de l'antique synagogue de Krasnoïa en compagnie d'un mendiant qu'il avait prié de bien vouloir honorer la table familiale de sa présence, ce ne fut pas Jacob qui lui souhaita : « Un excellent shabbat

23. Rabbins miraculeux.

à tous. » Tandis que découvrant l'invité de la dernière heure, Rachel renchérissait en ajoutant une assiette : « Il ne sera pas dit qu'un bon juif puisse être privé de souper le soir du shabbat. » Bercée par ce monologue qui s'élevait comme une cantilène dans l'obscurité, la jeune femme finit par s'endormir. Mais les créatures du shtetl continuèrent à léviter dans ses songes au son du violon invisible.

*

Tandis que Mendel écoutait dans le soleil levant le souffle régulier de sa compagne, les balles volaient dru au-dessus du Boug, où les combattants se canardaient d'une rive à l'autre. Plus d'un des cavaliers que Kyra avait vu passer à fond de train dans la nuit gisait maintenant blessé ou mort après avoir chargé pour s'emparer des ponts encore tenus par les Blancs. Dégoulinant de sang, hommes et chevaux ignoraient parfois, jusqu'à l'instant où ils s'affalaient, s'ils étaient les sabreurs ou les sabrés. De part et d'autre du fleuve, l'infanterie fouillait les hautes herbes à la recherche d'ennemis qui se voyaient exécutés sur place.

Il peut paraître audacieux d'affirmer après coup que ce fut la détermination du juif à respecter le shabbat qui permit que fût épargnée la vie de la belle orthodoxe. Certains diraient : « C'était son destin de vivre. » Mais il serait trop facile de leur demander : « Et qui avait fixé ce destin ? » Les matérialistes ricaneraient : « Foutaises ! La jeune femme avait son libre arbitre. Tout au moins jusqu'au point où l'amour ne lui obscurcissait pas le jugement. Elle n'est retournée en arrière que parce qu'elle tenait à ce Mendel plus qu'à elle-même. » Ceux qui nient la toute-puissance du positivisme auraient beau jeu alors de lui rétorquer : « C'est trop d'orgueil que de vouloir que seule sa volonté puisse sauver un être des aléas de l'existence. En demeurant sur place pour le prier, le violoniste remettait son sort aux mains de Jéhovah, qui, voyant le péril vers lequel courait celle qui était devenue si chère au cœur de son serviteur, lui fit rebrousser chemin. Rien d'autre ne pourrait expliquer un tel changement dans l'ordre des choses. » L'esprit divin ou un sentiment trop humain, qui pourrait trancher ?

Toujours est-il que, poursuivant sa route, Kyra aurait atteint les abords du fleuve au moment du déclenchement de l'attaque. Et que, prise entre deux feux, ses chances de survie auraient été bien minces. Pour ne pas dire nulles. Tout aurait concouru pour qu'à cette heure (où Mendel veillait sur son sommeil paisible), elle ne soit plus que l'un de ces nombreux cadavres qui fraternisaient maintenant malgré eux au fil de l'eau et que les poissons de rivière effilés et noirs frôlaient avec la plus grande indifférence.

Mais si l'on doit discuter des vertus particulières du ciel et de la terre, donc de la controverse entre les croyants et les agnostiques, il faut verser au dossier un autre événement qui, se produisant alors que la troisième étoile s'allumait au firmament du samedi (signe que le shabbat s'achevait et que chaque juif pouvait à nouveau vaquer à ses occupations), pourrait plaider en faveur de la réalité de la providence divine. Cette perturbation atmosphérique, que rien ne pouvait laisser prévoir dans un azur imperturbablement serein depuis des semaines, arriva en effet juste à point pour favoriser les desseins des deux fugitifs. Il n'est bien entendu pas question de vouloir convaincre les sceptiques endurcis qui ne manqueront pas d'argumenter qu'il s'agissait là tout juste d'un phénomène météorologique bien naturel après tant de jours d'intense chaleur. Et qu'en l'occurrence, Kyra et Mendel ne firent que profiter d'un heureux hasard. On ne peut donc que prendre acte.

*

En fin d'après-midi, le vent se leva. Du blanc vaporeux, les nuages passèrent au noir oppressant en défilant de plus en plus vite. La lumière du crépuscule se fana. Le chant des oiseaux se tut. Les bruits furtifs s'arrêtèrent dans les taillis. Les bêtes étaient soudainement en attente. Même l'herbe et les fleurs des champs se mirent à exhaler une inexprimable odeur forte qui faisait penser à de la transpiration due à la peur. Sans se préoccuper de la menace planant dans l'espace, les jeunes gens marchaient d'un pas rapide en direction du Boug. Sachant l'un et l'autre que ce serait quitte ou double très bientôt.

Au-dessus de leurs têtes, des fulgurations orangées zébrèrent brusquement la nuit telles des ailes de feu. Des grondements sourds répondirent aux signes cabalistiques qui illuminaient par à-coups le paysage nocturne d'une lumière crue et aveuglante. Un coup de tonnerre éclata avec une force effroyable. Le ciel parut se fendre sous le tranchant d'une cognée géante, laissant échapper des torrents de pluie. L'univers entier partait à la dérive dans une obscurité ponctuée d'éclairs hystériques.

Trempés jusqu'aux os, oubliant toute prudence tant ils étaient ballottés au cœur des éléments déchaînés, Kyra et Mendel avançaient sans répit. Avec un bruit terrible, sec et fracassant, la foudre frappa le sommet d'un peuplier. Sa langue incendiaire zigzagua le long du tronc avant de s'enfouir dans la terre, aggravant encore le noir de cette nuit dantesque.

Maintenant, l'orage s'éloignait. Les craquements de l'atmosphère s'espacèrent avant de n'être plus que de faibles roulements lointains. Seul demeura le bruit régulier et monotone des lances d'eau serrées qui frappaient la terre meuble. Puis la cataracte s'arrêta aussi brusquement qu'elle avait commencé. Pataugeant sur le chemin transformé en boue liquide, les fugitifs eurent un rire nerveux en se regardant. Les vêtements collés au corps, crottés jusqu'à mi-jambe, ils avaient l'air d'épaves jetées sur le rivage par la tempête. Déjà au-delà de la fatigue, ils n'en poursuivirent pas moins en serrant les dents. Ayant l'oreille plus fine, le violoniste fut le premier à entendre les clapotements du fleuve encore agité par le vent qui venait d'emporter l'averse diluvienne plus loin. De fait, ils atteignirent le Boug quelques instants plus tard.

D'un commun accord, grelottants, ils attendirent au milieu des joncs que la nuit se grisaille pour se mettre en quête d'une barque de pêcheur qui, à l'abandon, devait pourrir attachée à son pieu maintenant que les temps n'étaient plus à la capture du brochet ou du sandre. Fort heureusement pour le couple, les patrouilles, qu'elles fussent rouges ou blanches, demeuraient à couvert dans leurs abris de fortune. Malgré la haine, un accord tacite voulait que les adversaires fassent trêve quand la nature ajoutait sa violence à la leur. D'ailleurs, trop heureux d'avoir sauvé leur peau la veille, la plupart n'aspiraient qu'à voir le bilan ne pas s'alourdir.

Les deux jeunes gens entreprirent donc leurs recherches dans une sécurité relative que le brouillard, rôdant d'une rive à l'autre, garantissait un peu plus encore. Mais tout en fouillant les hautes herbes, ils ne pouvaient s'empêcher de jeter des regards inquiets vers les petites vagues ondulantes qui se couvraient d'écume à l'approche d'un tourbillon. Grossi par l'orage, le Boug n'en était que plus impétueux. À voir passer à toute allure des branches arrachées par la tourmente et précipitées dans le fleuve, il était facile de constater combien son cours était rapide. Et s'ajoutait à cela le danger que représentaient les entonnoirs liquides autour desquels ces débris forestiers menaient la ronde avant d'en être rejetés, échappant à l'appel des profondeurs pour filer vers l'aval.

Ils trouvèrent enfin l'embarcation espérée, cachée dans les roseaux. Raclant le fond sableux, elle était en bon état. Cependant deux corps y étaient affalés. Identifiables à leur brassard, il s'agissait de gardes blancs qui avaient dû vouloir s'échapper en traversant. Mais la poitrine, la gorge et le ventre criblés de coups de baïonnette (sans doute après avoir été découverts et laissés pour mort par l'ennemi), ils avaient quand même eu la force de ramper jusqu'à ce refuge dérisoire pour y rendre leur dernier soupir. Dans un ultime soubresaut, le plus jeune, qui avait tout juste l'âge de Mendel, s'était figé en baisant la croix qu'il portait en sautoir sous sa chemise.

Évitant de manifester leurs sentiments, les fugitifs traînèrent les dépouilles au sec avant de s'asseoir, chacun à une rame. Ils tirèrent dessus au même rythme. L'eau reflua de part et d'autre de la coque qui s'engageait par le travers du courant. Impétueuse, elle tentait de faire bifurquer celle-ci dans le sens qui était le sien depuis qu'elle avait creusé son lit. Arc-boutés sur leurs avirons afin de maintenir le cap en progressant, Kyra et Mendel sentaient des ampoules leur venir aux mains.

Protégée par le brouillard toujours dense, la barque gagna peu à peu le milieu du fleuve. Un bref instant, un tourbillon voulut l'aspirer. Trouvant des ressources inespérées dans leurs forces additionnées, les rameurs réussirent à arracher leur esquif à l'attraction liquide. Ils se crurent hors d'affaire, mais alors qu'ils ne se trouvaient plus qu'à une dizaine d'archines[24] du rivage, une lame de fond (due à un vapeur qui venait de traverser en amont) arriva sous leur embarcation. La haussant sur sa crête, elle la déséquilibra en roulant, projetant dans le Boug les deux passagers qui n'avaient pas eu le temps de faire contrepoids.

24. Une archine équivaut à 0,711 mètre.

Chapitre 5

Alourdi par l'eau qui gonflait ses vêtements comme si le fleuve n'avait pas renoncé à sa proie et tentait encore de l'aspirer vers le fond, Mendel reprit pied en passant d'une touffe de joncs à l'autre. Tremblant d'un froid gluant, il se redressa et chercha sa compagne du regard. Son angoisse fut telle en constatant qu'il n'en voyait aucune trace qu'il crut qu'un poing visqueux se refermait sur son cœur afin d'en étouffer les battements. Tentant de se convaincre qu'il ne fallait surtout pas désespérer, il se retint de l'appeler de crainte d'alerter les sentinelles qui, aveuglées par le brouillard, devaient prêter une oreille attentive au moindre bruit.

Courbé, il entama des recherches à travers les hautes herbes. Mais tout en progressant avec d'infinies précautions, il ne pouvait s'empêcher d'imaginer Kyra, Ophélie slave poudrée du sable brillant du lit de la rivière flottant silencieusement parmi les algues vertes avec d'étranges yeux fixes et décolorés. Et lui (qui ne connaissait les héros shakespeariens que de réputation), pauvre Hamlet juif réduit à se lamenter à jamais de n'avoir pas su exprimer à temps le sentiment qui le faisait maintenant regretter d'avoir échappé à la noyade. Il est vrai qu'il s'agissait là, pour le violoniste, d'un premier amour. Celui que l'on n'oublie pas. Les autres n'étant que la répétition des mêmes mots et des mêmes gestes qui en font, tout en le regrettant, un refrain déjà connu. Mais, romantique à souhait, Mendel n'en était qu'au début du parcours de la carte du Tendre. Et l'on pouvait en dire autant de celle après qui il soupirait et dont le mariage n'avait été que de raison et même forcé. Ainsi, cela rendait d'autant plus poignant ce qui risquait de n'être qu'un rendez-vous manqué. Mais il n'en fut rien.

Il la vit soudain, les habits collés au corps, cherchant comme lui. Les iris émeraude et les lèvres cerise se détachant d'une manière extraordinaire dans le visage d'une pâleur de craie. Freinés par la boue et leurs effets trempés, ils avancèrent l'un vers l'autre dans un ralenti de cinématographe. Puis s'étreignant sans un mot comme dans un film muet, ils échangèrent un long baiser passionné. Leurs bouches s'étant enfin quittées, leurs regards s'affrontèrent avec gravité. Sachant qu'il ne serait plus question entre eux de compagnonnage ou d'amitié, mais d'amour. Le corps frissonnant et le cœur en extase, ils se prirent par la main pour regagner la terre ferme.

Le brouillard se dissipa d'un coup laissant place à un chaud soleil qui brillait dans un ciel débarrassé de toutes ses impuretés. À croire qu'il avait attendu leurs retrouvailles pour ce lever de rideau théâtral. Avisant un abri de branchages à demi-effondré, ils s'y réfugièrent, n'ignorant pas ce que ce *no man's land* pouvait avoir de provisoire et de fragile. Ils savaient déjà qu'à un moment ou à un autre, il leur faudrait bien effectuer les quelques pas de plus qui allaient les ramener dans un univers qui, contrairement à celui des bolchéviques, tentait de survivre dans son grand naufrage en maintenant avec la rigueur du désespoir les conventions en usage du temps du tsarisme. Mais dans l'instant présent, ils s'étaient mis entre parenthèses.

Encore transie, Kyra dit doucement : « Quand j'ai été rejetée sur la rive, j'ai cru perdre mes esprits tant je craignais que tu te sois noyé. » Aussi facilement que la jeune femme était passée au tutoiement, ils commencèrent à se dévêtir mutuellement jusqu'à ce que l'un et l'autre soient entièrement nus. Mendel sentit son corps gagner une force inconnue de lui jusqu'alors. Ces seins un peu lourds aux pointes brunes, ce ventre plat, le triangle moussu et noir au creux des fines cuisses blanches lui offraient en plein jour la quintessence de tous les rêves nocturnes qui avaient peuplé une adolescence soumise à une négation particulièrement rigoriste des réalités de la sexualité obligée de se réfréner jusqu'à la souffrance.

Face au membre viril auquel le désir donnait une juste proportion dans un corps d'homme, Kyra, elle, ressentit une sorte de fierté d'avoir provoqué cet achèvement spectaculaire. Leurs lèvres se rivèrent à nouveau avant qu'ils s'allongent sur la terre en se caressant avec fièvre. La jeune femme ouvrit les jambes et attira son partenaire sur elle. Tandis que le sexe durci allait et venait sur son mont de Vénus, un fantasme la transforma en violon vivant, dont l'archet de chair aurait trouvé la corde la plus sensible. Alors, elle le guida en elle. Et lui eut l'impression de plonger dans un bain à la fois doux et brûlant, de s'y imposer de toute sa puissance créatrice avant de s'y dissoudre avec un regret d'enfant qui aurait aimé faire durer le plaisir.

À peine eut-il possédé Kyra qu'il voulut la reprendre afin de reconquérir ce qu'il craignait de perdre en s'accusant de ne pas lui avoir donné assez de jouissance. L'amante s'ouvrit à nouveau, sentant jaillir au plus profond de son être cette autre vie qui lui faisait du bien jusqu'au point de la faire crier. Les membres enfin las, gavés de baisers, ils se regardèrent avec des yeux emplis de secrets partagés et de reconnaissance pour cette communion charnelle scellée à même la terre russe. Puis retrouvant des réflexes civilisés, ils se mirent à rire de leur nudité et, complices, allèrent étaler leurs effets au soleil afin qu'ils sèchent un peu.

*

« Qui va là ? » En entendant marcher sur le chemin, le junker de faction arma sa mitrailleuse. Une femme cria : « Amis. » Il hésita avant de tirer. C'était un tout jeune homme aux joues encore roses couvertes d'un duvet qui n'avait pas encore besoin d'être rasé. Travaillés par les agitateurs bolchéviques, les hommes de troupe étaient devenus si peu sûrs qu'il avait fallu astreindre au poste de sentinelle les gardes nobles qui, avant la révolution, n'auraient jamais accepté de remplir une corvée jugée peu compatible avec leur rang social. Mais nécessité faisant loi, aujourd'hui, le sang bleu ne pouvait pas plus rechigner à prendre son tour de garde qu'à cirer ses bottes lui-même. Mettant ainsi en pratique le principe d'égalité tant honni. Mais peu portés à la dialectique, la plupart ne voyaient là que l'un des désagréments de la guerre civile, auquel il serait mis bon ordre dès qu'un nouveau tsar aurait été couronné au Kremlin. Et même si, à part quelques écervelés, ils n'avaient plus guère d'espoir de voir cela de leur vivant (la situation militaire étant désespérée), nombreux étaient ceux qui se berçaient de l'illusion que cela viendrait un jour, et qu'alors ils ne seraient pas morts pour rien.

Tel était l'état d'esprit du jeunot à quatre quartiers de noblesse qui, contrevenant par un scrupule de bonne éducation démodée à la consigne qui était de faire feu si l'on ne donnait pas immédiatement le mot de passe, réitéra sa demande : « Qui vive ? – Je suis la comtesse Séméniovna. »

Le pauvre garçon n'en fut que plus enfermé dans son dilemme. Il pouvait s'agir d'un piège. Mais, du temps où la victoire semblait sourire à l'armée blanche, nombreux étaient les fugitifs qui tentaient de passer les lignes pour la rejoindre. Ce qui n'était, hélas, plus le cas. Il n'en demeurait pas moins que le nom de Séméniof lui était connu. Le colonel-comte Nicolas Alexandrovitch Séméniof était l'un des officiers d'état-major du général Dénikine. De quoi aurait-il l'air si l'on venait à découvrir qu'il avait mitraillé l'épouse d'un officier supérieur que beaucoup détestaient pour sa morgue et dont la réputation de cruauté n'était plus à faire ? Il hurla : « Avancez au commandement… les mains en l'air ! »

*

Boulevard Maritime, debout devant une des hautes fenêtres de l'ancienne chancellerie devenue le siège de l'état-major, Séméniof observait le mouvement incessant des cargos battant pavillon turc, anglais ou français dans la rade d'Odessa. Ayant déchargé sa cargaison d'armes et de munitions, un vapeur largua ses amarres en crachotant une fumée noire et longea en direction du large le môle séparant le dock marchant du port militaire.

Abandonnant le steamer qui mettait le cap sur Constantinople, Nicolas Alexandrovitch fixa son attention sur les silhouettes grises des bâtiments de guerre au mouillage devant l'Amirauté. Drapeau tricolore claquant fièrement au vent de la mer Noire à la proue, il y avait là le cuirassé *France*, dont les tourelles à quatre canons étaient braquées sur la ville, entouré de son escorte de torpilleurs composée du *Protet*, du *Jean Bart* et du *Waldeck-Rousseau*. Aussi menaçante qu'elle eût pu paraître au premier coup d'œil, cette présence avait été jusqu'à ce jour des plus rassurantes pour les derniers combattants tsaristes qui comptaient sur l'artillerie de marine, capable de tirer ses obus à plus de vingt kilomètres pour briser l'offensive des Rouges lorsqu'elle se produirait.

On pourrait s'étonner de cette présence guerrière étrangère au sein de la guerre civile que se livraient les Russes. Mais il faut savoir qu'effrayés de voir se propager à travers l'Europe l'idée que le prolétariat pouvait s'emparer du pouvoir et renvoyer le capitalisme dans les fourgons de l'histoire, les Français et les Anglais (soutenus par Wall Street, qui craignait tout autant la contagion) intervenaient également au côté des Blancs à Arkhangelsk avec des renforts japonais. Et ce, alors que les mercenaires tchécoslovaques formés en colonnes infernales mettaient à feu et à sang villes et villages tout le long de la voie du Transsibérien et que les Polonais, fraîchement indépendants, attaquaient à l'ouest. Tout cela dans l'espoir d'empêcher le communisme de faire tache d'huile et sans que nul n'ait déclaré la guerre à la Russie soviétique, dont les gouvernements bourgeois se refusaient à reconnaître l'existence. Malheureusement pour ses auteurs, ce tour de passe-passe diplomatique, conçu pour faire rentrer le jaune dans l'œuf, avait eu un effet pervers qui faisait, en cet instant, réfléchir l'époux de Kyra sur la capacité des hommes à influer sur les événements.

En effet, lors des permissions à terre, les équipages de l'escadre française avaient très vite fraternisé avec le petit peuple d'Odessa malgré la différence des langues. Beaucoup étaient des mobilisés qui, après quatre années de casse-pipe, où ils avaient vu les copains sombrer corps et biens après avoir été torpillés par les sous-marins allemands, n'ambitionnaient que de retrouver leur famille et les barques de pêche de leur Bretagne ou de leur Roussillon natal. Cette expédition lointaine ne pouvait donc réjouir que les officiers avides de gagner du galon. Le terreau était ainsi des plus favorables à l'agitation politique. Et la vodka aidant, les bolchéviques clandestins avaient vite repéré dans les estaminets les matelots aux opinions les plus avancées. Dûment endoctrinés, ceux-ci s'étaient chargés de gagner leurs camarades du bord aux théories de l'internationalisme ouvrier prêchant la solidarité et la révolte.

C'était justement du *Protet*, sur le pont duquel en cet instant Séméniof pouvait voir les cols bleus vaquer paisiblement aux servitudes de la vie militaire, qu'était venu le premier signe de la rébellion. Et plus inquiétant, celle-ci n'était pas du fait d'un simple pompon rouge, mais de celui d'un ingénieur-mécanicien de l'encadrement et vrai fils d'un condamné à mort par contumace de la Commune de Paris, André Marty, qui avait tenté de faire se mutiner son torpilleur. L'homme était maintenant aux fers à fond de cale. Mais Nicolas Alexandrovitch n'avait qu'à se pencher à la balustrade pour contempler le majestueux escalier de 192 marches reliant le port à la ville haute sur lequel, en 1905, la révolte du cuirassé *Potemkine* s'était achevée dans un bain de sang. Il n'en demeurait pas moins qu'elle avait été le signal de la première révolution, écrasée fort heureusement par les Cosaques, et qu'il fallait, alors que celle d'Octobre 1917 semblait devoir triompher, prendre à coup sûr au sérieux l'incident révélateur qui venait d'avoir lieu sur le vaisseau à la flamme tricolore.

Tout à sa réflexion, le colonel n'avait pas entendu le téléphone sonner dans le bureau voisin. Un planton entrebâilla la porte : « Mon colonel, une dame vous demande depuis les avant-postes. » Étonné, Séméniof prit l'écouteur. « Nicolas Alexandrovitch... est-ce bien vous ? » Malgré la friture sur la ligne, il reconnut instantanément la voix un peu rauque de celle avec laquelle il n'avait passé qu'une unique nuit de plaisir. Bien souvent, au cours des cinq années écoulées, il lui était arrivé de se demander ce qu'il avait bien pu advenir de ce corps splendide si bien fait pour la bagatelle. Aucune tristesse d'ailleurs à la pensée qu'elle avait sans doute subi le sort commun à tous ceux qui avaient été décrétés ennemis des Soviets. Tout juste du regret de n'avoir pu profiter suffisamment de cette jeune chair qu'il avait joui de déflorer et sur laquelle il s'était résigné à faire une croix définitive jusqu'à cet instant où elle ressurgissait brusquement des limbes bolchéviques.

« Kyra, ma chère... Comme je suis heureux de vous savoir en bonne santé... » Aucune chaleur dans cet accueil. Déjà, avec son égoïsme d'homme, il pesait le pour et le contre. L'ennuyeux était qu'il allait devoir ordonner à la petite danseuse qui partageait la chambre de son logement de la rue Tolstoï de débarrasser le plancher en vitesse. Mais en compensation, il lui tombait du ciel une créature belle et désirable sur laquelle il avait tous les droits d'un mari. Allons, il n'y perdait pas : « Passez-moi le capitaine Dobychev. Je vais lui demander à ce qu'une automobile soit mise le plus rapidement possible à votre disposition... Encore positivement ravi, ma très chère. » Il raccrocha et fut aussitôt assailli par le doute. Possédait-elle toujours son éclat ? Et, plus grave, quel prix avait-elle payé pour survivre dans un monde sans pitié ?

*

« À vos ordres, Excellence. » Reposant le combiné du téléphone de campagne, le capitaine Dobychev rajusta le monocle sans bordure dans son orbite et, se retournant, claqua des talons avant de s'incliner avec une raideur du buste toute prussienne sur la main de Kyra : « Enchanté, comtesse... » Redressant le torse, il se présenta : « Chevalier-garde Nikolka Pétrovitch Dobychev à votre service... Me ferez-vous l'honneur d'accepter une collation ? » Ses traits hautains marquèrent une subite contrariété : « Hélas, je n'ai à vous offrir qu'une boîte de singe... Je veux dire, du *corned-beef* américain et du pain de soldat. Et je crains qu'il faille vous contenter d'un camion pour gagner Odessa. »

La jeune femme réfréna son envie de rire. Soudain, dans sa jupe et son corsage en lambeaux, elle se faisait l'effet d'une Cendrillon attendant que la bonne fée transforme la citrouille en carrosse. Pas mécontente de pouvoir rendre la monnaie de sa pièce à cet officier qui les avait traités jusqu'à son échange avec le colonel Séméniof avec une morgue déplaisante, elle s'amusa à lui manifester une froideur distinguée qui aurait certes mieux convenu à un salon de Kiev que dans une cagna militaire : « Eh bien en attendant mieux, à la guerre comme à la guerre, Nikolka Pétrovitch... Mais vous auriez également l'obligeance de nous trouver de quoi nous vêtir provisoirement d'une manière plus convenable.

– Nous ? Il pointa un doigt méprisant vers Mendel. Vous voulez dire que ce... que cet individu est avec vous, madame ? »

– En effet. Y voyez-vous un inconvénient ? »

Visiblement ennuyé, l'officier blanc ôta son verre optique et fit mine de l'essuyer avec son mouchoir : « Mais c'est… il s'agit d'un juif.

– Auriez-vous quelque chose contre les juifs, capitaine ?

Mendel avait l'impression de servir de *punching-ball* aux deux interlocuteurs. Dobychev rétorqua : « Je ne crois pas que cela regarde une dame, comtesse. » Les iris verts lancèrent des éclairs : « Laissez-moi seule juge de ce qui peut me convenir, Nikolka Pétrovitch. Et je vous prie de me dire en quoi ce sont des êtres humains différents de nous autres chrétiens. » Plus question de mondanités. Mendel recommanda son âme à Dieu. Dobychev y alla carrément : « Parce que ce sont tous des bolchéviques, comtesse, qui répandent les idées subversives qui ont gangrené le peuple russe. Aussi, quand nous en attrapons un, nous le pendons ou nous le fusillons… au choix ! » Kyra se dit qu'il n'y avait décidément pas à attendre plus de justice et de clémence d'un camp que de l'autre : « Je ne peux malheureusement pas vous en empêcher, mais ce jeune homme a été mon compagnon de misère. Et grâce à son talent de musicien, qui est unique, le monde saura demain que les Russes ne sont pas uniquement des barbares tout juste capables, qu'ils soient Rouges ou Blancs, de s'en prendre à des innocents en les accusant d'être la cause de tous les maux qu'ils ont eux-mêmes provoqués par leur suffisance ou leur incurie. »

Quoique fort inquiet sur le sort qui l'attendait à la fin de cet affrontement, Mendel avait trouvé Kyra plus belle que jamais tandis qu'elle débitait sa tirade enflammée d'un trait. Tout en jugeant que cette comtesse sentait quelque peu le soufre, Dobychev, lui, enviait celui qui allait avoir le bonheur de remettre dans son lit une créature aussi passionnée. Et subodorant qu'il y avait entre ces deux-là un lien plus qu'amical, il se délivra avec une certaine bassesse de la frustration qu'elle faisait naître en lui : « Il m'étonnerait, madame, que le colonel Séméniof approuve l'état d'esprit dans lequel vous rejoignez les vôtres. Mais je ne doute pas qu'après avoir été contaminée par un juif, vous ne retrouviez une plus juste appréciation des choses au contact d'un époux qui saura sans aucun doute vous rappeler à vos devoirs... » Il rajusta son monocle à son arcade sourcilière : « Ceci dit, je suis aux ordres de la femme de l'un de mes chefs. »

Face à cette politesse insultante, Kyra amorça le geste de souffleter celui qui la lui lançait au visage. Puis voyant au sourire fat qu'affichait l'officier blanc qu'il n'attendait que cela pour s'offrir de la maîtriser physiquement, elle se contint avec dédain : « Je vous remercie de vos bons soins, Nikolka Pétrovitch. Croyez bien que je ne manquerai pas de faire savoir à mon mari qu'il a en vous un subordonné des plus estimables. En attendant, je vous serais reconnaissante de nous priver de votre aimable présence. Si vous voulez passer pour le gentleman que vous aimeriez paraître... »

Les yeux du capitaine s'emplirent d'une lueur meurtrière. Sa main convulsive alla se poser sur la crosse du révolver qui dépassait de l'étui de cuir à sa ceinture. Mendel crut que leur dernière heure était venue. Mais même si son passage sur cette terre de misère devait s'en trouver brutalement raccourci, il remercia Dieu de lui avoir permis de connaître et d'aimer une fille d'Ève aussi extraordinaire, et qui continua de l'épater en laissant tomber d'une voix glaciale qui claqua pire qu'une gifle : « Je vois, capitaine, qu'il est en effet dans vos habitudes de tirer sur des gens sans défense. »

Blême de rage, Dobychev tourna les talons et sortit de la cagna sans ajouter un mot. Ils l'entendirent hurler des ordres. Un moment plus tard, une ordonnance vint déposer devant eux une théière fumante, des quarts et des assiettes en fer-blanc ainsi qu'une boule de pain et du bœuf américain en conserve.

*

En traversant Odessa assise à l'arrière du camion, Kyra et Mendel découvrirent une ville grouillante d'officiers de tous grades et de militaires étrangers. Épaulettes dorées de l'état-major de Dénikine, képis bleu ciel des spahis, chéchias écarlates des zouaves, bonnets noirs cosaques, turbans pastel des Gurkhas, casquettes kaki britanniques ou blanche à galons de la flotte composaient un kaléidoscope dont n'étaient pas absents (quoique les équipages des bâtiments de guerre français fussent consignés à bord) les pompons rouges désignés pour les corvées à terre qu'encadraient des gendarmes maritimes, baïonnette au canon.

Situé à l'extrémité de la dernière parcelle de terre russe aux mains des Blancs dans le Sud, le port de la mer Noire semblait, comme la grenouille qui avait voulu se faire plus grosse que le bœuf, prêt à craquer par toutes les coutures tant, en plus de l'afflux des militaires, la population y avait décuplé au fur et à mesure de la retraite de l'armée tsariste. De jour comme de nuit, cette foule généralement bien mise allait et venait d'une manière ininterrompue tout au long des artères principales à l'affût des bruits les plus invraisemblables propres à lui rendre le moral pendant un après-midi. Le dernier étant que la Vierge de Kazan venait de susciter un nouvel Alexandre Nevski, dont l'ardeur et le courage réveilleraient la foi dans le peuple russe et lui feraient brûler demain ces bolchéviques qu'il mettait au pinacle aujourd'hui. Les athées, insensibles à de pareils bobards métaphysiques, scrutaient eux les visages des galonnés dans l'espoir d'y lire ce que les journaux leur cachaient à propos du sort des armes. Puis il y avait la grande masse des fatalistes qui se contentaient de jouir de chaque journée de ce bel été de bord de mer comme si elle devait être la dernière. Face à cet afflux touristique d'un genre si particulier, avec la débrouillardise commune à tous les gens du Midi, le petit peuple d'Odessa prospérait comme jamais sur ce qu'il faut bien appeler un volcan.

Sans pouvoir faire une analyse aussi fouillée en roulant à travers la ville, les arrivants purent observer tout à loisir ce va-et-vient vibrionnaire et obsidional, dont on devinait, à la réaction de frayeur générale à la moindre pétarade, qu'il n'en faudrait pas beaucoup plus pour que sa nervosité se transforme en une panique incontrôlable.

Stoppant son camion à l'angle de Moldavanka, le chauffeur cria sans tourner la tête : « Juif... tu es arrivé au ghetto. » En voyant s'arrêter le véhicule militaire, le cocktail d'hommes pieux à la lourde barbe, de femmes à perruque, de gamins dont les yeux trop vieux semblaient se livrer perpétuellement à des spéculations intellectuelles et enfin de gaillards de tous âges vêtus avec un chic trop voyant commença à refluer, prudence oblige, en direction du lacis des ruelles du quartier israélite. Mais voyant, en place de l'habituelle soldatesque ivre et hurlant « Sus aux youpins ! », sauter à bas du fourgon un jeune homme d'apparence plutôt fragile (et en qui, avec le flair propre aux enfants de Sion dispersés à travers le monde, ils reconnurent aussitôt un coreligionnaire), chacun regagna sa place.

Les trafiquants firent ressurgir leur stock de tabac turc, de cognac français ou de draps anglais importés clandestinement grâce à des accointances à bord des cargos venus décharger armes et munitions en faveur de l'armée blanche ou de ce qui en restait. N'ayant à vendre que leur force, les coltineurs firent à nouveau saillir leurs muscles dans l'espoir d'être préférés aux voisins pour un transport de colis encombrants. Les marchands de volaille *kasher*[25] se remirent à pépier au cul de leurs poulets déplumés. Les étudiants de la *yeshiva* replongèrent dans une perplexité causée par les multiples significations de chaque lettre de la Torah. À moins que, conquis secrètement par les idées pouvant les mener tout droit au poteau d'exécution, ils ne s'abîment derechef dans le rêve éveillé du futur paradis marxiste.

Si différent du shtetl des campagnes, tel était le *Plâtze*[26] d'Odessa. Lieu où se traitaient toutes les affaires, siège de palabres interminables, théâtre en plein air où s'expriment à longueur de journée bruyamment les joies, colères, soucis et peines du ghetto. Disant qu'il était juste sorti prendre l'air, le docteur en médecine s'enquérait benoîtement de santés qu'il espérait mauvaises. Les avocats fournissaient leurs conseils juridiques au coin de la rue en caressant leur système pileux d'un geste noble. Et les marieuses, évaluant les passants célibataires, se tenaient à l'affût d'une union arrangée qui mettrait du beurre dans leur kacha.

Ainsi allaient les choses sous l'œil protecteur des gangsters de la mafia juive en gilet à fleurs et chaussures bicolores qui touchaient leur pourcentage même sur la recette des

25. Aliment dont la consommation est autorisée par le rituel.
26. La place.

mendiants béquillards. Et quoique tous fussent retournés à leurs occupations journalières, pas un ne manqua de jeter en douce un regard curieux vers ce qui était manifestement un adieu désolé entre un *yid*[27] et une *goy* belle comme le jour en laquelle ceux qui avaient eu l'occasion de se frotter à la bonne société devinèrent, malgré sa chemise de soldat, une femme du grand monde. Mais indifférent à l'attention que leur portait cette cour des miracles (qui vivait encore comme du temps de « Notre Tsar bien-aimé » tout en sachant que cela ne durerait plus ainsi très longtemps), Mendel soupira en levant la tête : « Que dire qui ne me brise pas le cœur... » Par-dessus la ridelle, Kyra lui posa son index en travers des lèvres : « Alors, ne dis rien... sauf où tu comptes demeurer... » Décidé à se montrer désagréable à souhait (sans doute en avait-il reçu l'ordre), le conducteur embrayait déjà. Le violoniste lança vivement : « Chez un cousin de mon père qui tient un cabaret rue Sophievskaïa. »

*

Kyra fut reçue rue Tolstoï par une quinquagénaire boulotte en robe brune à large col de dentelle qui se présenta comme la loueuse et dont le ton obséquieux lui déplut instantanément. Il est vrai qu'elle avait perdu l'habitude d'être servie. « Daria Ivanovna, toute à votre service, madame la comtesse... Son

27. Un juif.

Excellence le colonel Séméniof s'excuse de ne pas être là afin de vous accueillir en personne, mais il est malheureusement retenu à l'état-major par ses devoirs militaires. En attendant le souper, il vous prie de vous installer au mieux avec mon aide et vous fait également dire que vous avez crédit ouvert au "Chic Parisien", boulevard Pouchkine, qui est le magasin où s'habillent toutes les dames élégantes… » Ses petits yeux enfoncés dans la graisse brillaient de convoitise « C'est que c'est un homme généreux, notre Nicolas Alexandrovitch. Un qui aime à ce qu'une jolie femme soit à son avantage. »

On n'aurait pu mieux laisser entendre que la revenante ne serait pas la première à faire des dettes chez la modiste au compte de l'auteur d'un message verbal qui ne brillait pas par la tendresse. Mais même sans ce commentaire insidieux, il avait suffi à Kyra de humer l'atmosphère du salon pour savoir qu'elle allait succéder à une autre présence féminine. En effet, pour se venger d'être chassée sans égard au profit d'une épouse légitime, qu'on aurait pu croire morte et enterrée chez les Rouges, la petite danseuse (maîtresse de Séméniof depuis près de deux années et qui s'était bercée de l'illusion de voir un jour cette liaison se transformer en un lien plus solide) avait déversé ses flacons de parfums capiteux sur les poufs, le sofa et même le grand lit de la chambre. Mais entièrement à la satisfaction de retrouver un confort qu'elle n'espérait plus et plutôt contente que l'heure du premier face-à-face avec son mari soit repoussée, la comtesse Séméniovna se contenta de hausser les épaules : « J'ai toujours su que Nicolas Alexandrovitch était un soldat et pas un moine. »

Pincée qu'on ne chercha pas à provoquer des confidences sur les aventures galantes de ce dernier qui auraient tissé entre femmes une de ces complicités journalières douteuses à base de ragots ménagers, d'espionnage domestique et de considérations rancunières à propos du sexe mâle, Daria Ivanovna se retira après avoir fait savoir qu'elle s'était réservé deux pièces pour son usage personnel au bout du couloir : « Mais Votre Noblesse n'aura qu'à tirer le cordon du salon pour me voir accourir. »

Kyra la remercia en ajoutant que les circonstances lui ayant appris malheureusement à se débrouiller par elle-même, elle n'aurait désormais plus jamais besoin d'une femme de chambre. Remarque qui la fit classer instantanément dans la catégorie des révolutionnaires par une créature ayant toujours vécu dans le respect absolu d'une hiérarchie sociale qui lui avait permis de se croire au-dessus du commun parce qu'elle logeait et servait la classe supérieure. Aussi, ayant espéré devenir l'auxiliaire indispensable d'une nouvelle maîtresse de maison qui venait de refuser en quelque sorte de reconnaître son rang (contrairement à la petite danseuse qui lui relatait jusqu'aux moindres détails de ses rapports intimes avec Séméniof), celle qui s'estimait déchue injustement se jura de rapporter fidèlement à Nicolas

Alexandrovitch, ainsi qu'il le lui avait demandé, tous les faits et gestes d'une épouse qui venait de lui donner la preuve que les idées bolchéviques avaient quelque peu déteint sur elle.

*

Kyra se laissa couler dans l'eau presque brûlante comme si elle passait de l'autre côté du miroir. L'univers y était doux, chaud et paisible. Son corps s'alanguit. Chaque parcelle de sa peau frémit de bien-être. La carapace de misère qui l'emprisonnait se dissolvait au fond de la baignoire. Le luxe que représentait ce bain lui fit palpiter les narines de bonheur. Le cerveau béat, elle contempla les murs recouverts de faïence rose, le miroir, la coiffeuse acajou, le peignoir en éponge accroché à portée de main. Toutes ces choses frivoles existaient donc toujours. Se savonner lui donna un autre plaisir intense. La mousse sentait bon l'œillet. Elle en remercia mentalement celle qui, afin de prouver à la revenante que Nicolas Alexandrovitch n'avait guère vécu dans le regret de son absence, s'était empressée, en plus de ce bain parfumé, de laisser bien en vue sur l'étagère un pot de crème de beauté, une boîte de poudre de riz et un rouge à lèvres. Que Séméniof eut traversé ces dernières années en veuf joyeux lui était parfaitement indifférent.

« Je ne suis pas non plus sans taches. » S'en souvenir dans son bien-être la fit penser à Mendel en souriant. Donc, elle avait un amant. Mais également, de nouveau un mari. Comment retrouver l'un sans déclencher la colère de l'autre ? « Suis-je devenue une Anna Karénine ? Sauf que le bel officier est mon époux et le chéri de mon cœur, un simple violoniste juif ». Comment ne pas s'amuser de ce signe des temps, proprement inconcevable avant la tourmente révolutionnaire ? Elle se rappela alors en se séchant avec une serviette moelleuse que tous deux venaient de rejoindre la dernière parcelle de terre russe où chacun s'entêtait à vouloir que tout demeure « comme avant ». Elle réalisa ainsi qu'il allait falloir être extrêmement prudente.

*

Face à cette ravissante jeune femme ondoyante dans une robe blanche brodée de fines perles de nacre qui découvrait le début de la gorge par une large échancrure et laissait les bras nus, Séméniof demeura un instant interdit. Il s'était attendu à retrouver une créature prématurément vieillie et étiolée par les souffrances et les privations. Et non pas ce regard toujours aussi vert et étincelant dans un ovale parfaitement maquillé (grâce aux fards de la petite danseuse) auquel les cheveux noirs coupés ras comme une chaume ajoutaient un je-ne-sais-quoi d'exotique du plus heureux effet.

Consciente du choc produit, Kyra se délecta de cette modeste victoire en savourant également la caresse de la soie sur son corps. Libérant les jambes des femmes jusqu'au-dessous du genou, la nouvelle mode allait à ravir à sa silhouette longue et svelte. Ce n'était d'ailleurs pas sans une certaine stupéfaction que les vendeuses du « Chic Parisien », après avoir été à deux doigts de chasser du magasin cette souillon vêtue d'une chemise de soldat sur une jupe informe et chaussée de lourds brodequins de l'armée, l'avaient vue, après qu'elle se soit fait reconnaître pour la comtesse Séméniovna, se transformer au fil des essayages des dernières robes arrivées de la capitale française en une capiteuse créature, qui avait attiré les regards captivés de tous les messieurs, au grand dam de celles qu'ils accompagnaient.

Sentant le désir monter en lui, Nicolas Alexandrovitch fut sur le point de l'étreindre comme il aurait été naturel que cela se passe entre époux après une si longue séparation. Mais lisant une ironie amusée dans les iris émeraude, il se contint et se borna à s'incliner sur la main de la revenante en la complimentant : « Vous avez encore embelli, ma chère. » Kyra considéra le bel homme impeccablement sanglé dans l'uniforme blanc d'été de la Garde impériale. Quoique son sentiment pour Mendel fut extrêmement fort, elle ne pouvait se contraindre à demeurer insensible à l'appel sensuel qui émanait de celui qui l'avait initiée au plaisir des sens : « Vous-même, Nicolas Alexandrovitch, me paraissez avoir supporté les difficultés de toutes ces années sans en avoir gardé de traces apparentes. »

Flatté, il fit sauter le bouchon de la bouteille de Veuve Clicquot, que Daria Ivanovna avait apportée dans un seau à glace à son entrée et, après les avoir remplies, tendit une des flûtes de cristal à celle qui venait de ressurgir dans son existence avant de lever cérémonieusement la sienne : « Eh bien… à nos retrouvailles et que le Ciel les protège. Nous avons bien de la chance, vous et moi, de nous trouver encore là dans l'époque cruelle que nous vivons. » Kyra but d'un trait, à la russe. Les bulles fraîches titillèrent agréablement son palais. Elle en goûta tout le fruit oublié. Séméniof devina l'état euphorique qui la gagnait. Elle n'en était que plus resplendissante. Il ragea intérieurement. « Sans ces salauds de bolchéviques à quel rang ne serais-je pas arrivé à la cour impériale avec l'aide d'une épouse aussi séduisante ! » Cela lui rappela qu'il avait des remontrances à lui faire. L'Ancien Monde avait beau s'en aller à vau-l'eau, il n'en fallait pas moins respecter les convenances. Aujourd'hui, encore plus qu'hier. Il versa de nouveau du champagne dans les verres à pied : « Il me faut vous mettre en garde avant tout, ma chère. »

Sans désemparer, Kyra siffla cette seconde rasade les yeux fermés pour en apprécier toute la quintessence. Un instant, Nicolas Alexandrovitch se demanda si elle ne serait pas devenue une ivrognesse. « Il ne manquerait plus que ça ! » Elle battit des paupières, divertie par le soupçon qu'elle subodorait : « Ne craignez rien, mon ami. L'alcool était aussi rare chez les Rouges que le pardon pour ceux qui n'étaient pas de leur bord. »

Séméniof s'agaça de se sentir percé à jour. Exactement comme en valsant le jour de leur mariage, où elle avait répondu à une question informulée à propos de sa virginité. La diablesse devinait donc ses pensées. Il avait pourtant cru qu'il serait facile de lui faire des observations. N'avait-il pas sur elle tous les droits d'un mari ? Mais maintenant, voici que ce regard légèrement embué par le vin pétillant l'intimidait. Il y lisait une sorte de provocation muette. Réagissant d'une manière illogique selon ses principes, il se demanda alors si le fait de manifester du courroux à propos de ce qu'il avait appris n'allait pas, en montrant qu'il était touché au vif, le mettre en état d'infériorité et, par là, faire qu'il se sentirait humilié devant elle alors qu'il était parfaitement dans son droit. « À quoi dois-je faire attention, s'il vous plaît ? »

Cette fois, Kyra se resservait elle-même du champagne avec une désinvolture qu'il jugea destinée à le pousser à bout. C'en était trop. Il rejeta toutes ses interrogations en estimant que les prendre en compte serait montrer de la faiblesse ou se laisser aller à une fantaisie dangereuse. D'une manière ou d'une autre, il allait falloir que la comtesse Séméniovna retrouve le droit chemin des conventions sociales : « À votre réputation. Et par conséquent, à la mienne, que je veux sans tache... Il m'a été rapporté que vous aviez franchi les lignes bolchéviques en compagnie d'un jeune homme. » Kyra parut s'intéresser aux reflets jaune paille à travers le cristal : « Nous avions en effet associé nos infortunes respectives...

Cela nous a soutenus dans le danger. Alors, qui pourrait m'en blâmer ? » La colère de Nicolas Alexandrovitch éclata : « Moi ! Parce que ce soi-disant compagnon de misère était un juif et qu'il se murmure déjà de surcroît dans mon dos qu'il pourrait bien être votre amant. »

Il s'en fallut de peu pour que la jeune femme s'exclame : « Et quand cela serait ? » Moins d'ailleurs afin de provoquer un mari auquel on ne pouvait adresser d'autre reproche que celui d'avoir été, depuis août 1914, le jouet des événements comme tout un chacun, que pour proclamer son refus d'admettre dorénavant qu'il puisse y avoir des distinguos entre les êtres uniquement pour une question de race ou de religion. En quoi un galant né dans la foi orthodoxe aurait-il été plus honorable ? Mais réalisant qu'une pareille affirmation ne pourrait que nuire mortellement à Mendel dans une cité où « juif » devenait facilement synonyme de « Rouge », elle se contint à temps.

Séméniof se fit plus pressant : « Comment dois-je le prendre, comtesse ? » Kyra n'aurait pas cru qu'il était aussi facile de travestir la vérité en répondant : « Quoique sans nouvelles de mon époux depuis cinq longues années, je n'ai eu de cesse de le rejoindre au péril de ma vie dès que j'ai su où il se trouvait… Et vous pourrez ajouter que beaucoup de ces dames que j'ai vues se pavaner sous leurs ombrelles dans Odessa n'auraient sans doute pas eu le même courage. » Son interlocuteur garda une mine sombre : « Dans son rapport, le capitaine Dobychev insiste sur le fait que vous vous seriez opposée à ce qu'il prenne des mesures de sûreté envers un individu que son appartenance à une religion maudite désignait comme suspect. » Il frappa du poing sur la table, faisant trembler la bouteille dans le seau à glace : « Tous les youpins sont de dangereux agitateurs qui ont réussi à envoûter le peuple russe. »

Quoique consciente du charme indéniable sous lequel la tenait la virtuosité musicale de Mendel, Kyra se garda bien d'en faire état, haussant même les épaules pour bien montrer son dédain : « Le mien n'était qu'un gamin tout juste bon à me suivre comme un petit chien. On ne peut me reprocher que d'avoir eu pitié en voyant ce Dobychev menacer de lui faire un mauvais parti à l'instant même où il se croyait enfin à l'abri du danger. J'ajouterais que, complice des bolchéviques, il aurait pu me dénoncer cent fois sans risque, alors qu'il s'en était abstenu. En conséquence, Nicolas Alexandrovitch, si vous êtes aussi heureux que moi-même de ce que nous soyons enfin réunis, alors que tant d'autres ne le seront jamais plus, je vous prie d'oublier son existence comme je l'ai déjà fait et de traiter, par le mépris, des médisances qui ne salissent que ceux qui les colportent. »

Tout cela fut débité avec un regard respirant la franchise. Seules les femmes savent mentir avec un pareil aplomb. Un homme y est malhabile. Il rougit, détourne les yeux de peur qu'on lise en lui, en rajoute pour faire plus vrai et se prend généralement les pieds dans sa fable. Tandis qu'à peine sortie de l'extase d'une étreinte adultère, une fille d'Ève est capable de raconter qu'elle a passé la fin de l'après-midi dans les magasins ou en compagnie de sa mère ou de sa sœur avec l'accent le plus naturel et convaincant à souhait. Et comme la vanité du mâle occulte inconsciemment l'idée qu'on pourrait lui préférer un autre, surtout au lit, la rouée, passez muscade, n'a même pas besoin de se faire pardonner une escapade qui, dans le cas contraire, aurait mis le représentant du sexe fort sur le gril.

Il faut bien constater qu'aussi peu encline par caractère qu'elle fut à ruser de la sorte, Kyra n'en venait pas moins d'user de cette pratique si féminine afin de détourner de la tête de celui qu'elle chérissait les sombres nuages qui n'auraient pas manqué de s'y accumuler, au cas où le colonel-comte Séméniof en viendrait à soupçonner un sentiment aussi outrageant pour lui. Sa réussite (tout au moins pour le moment), en dépassant ses espérances, lui fit croire qu'elle avait épargné le pire à Mendel.

Échauffé par le champagne, son interlocuteur s'était contenté de l'écouter distraitement en détaillant tout à loisir son teint animé qui l'embellissait encore, les courbes et les rondeurs moulées par la soie, la taille souplement libérée par la mode de ce carcan qu'était le corset et, enfin, le genou et le mollet apparents. Les formes aux grâces juvéniles qu'il gardait en mémoire s'étaient transformées en des attraits irrésistibles et il devinait en Kyra un feu intérieur, qu'en homme à femmes il ne doutait pas de savoir attiser. Aussi, décidant qu'il réglerait plus tard le sort du juif (coupable au minimum de respirer le même air que lui), Nicolas Alexandrovitch, laissant attendre le souper fin préparé par la logeuse, saisit son épouse par le poignet et l'entraîna sans un mot dans la chambre. Leur étreinte fut sans tendresse. Uniquement charnelle.

Expert en caresses, Séméniof fit preuve d'une science amoureuse qui fit monter progressivement le plaisir dans chaque parcelle de l'être de sa partenaire, au point que, décidée tout d'abord à ne pas s'abandonner à son mari qui la traitait en propriétaire, elle finit par se soumettre à ses attouchements les plus brutaux, les quémanda même avant d'accueillir sa semence comme une mousson bienfaitrice qui la laissa apaisée. Rassasié d'avoir fait usage de son droit conjugal et glorieux qu'il eut été subi avec tant de délices, Nicolas Alexandrovitch se laissa retomber sur le dos. Un instant plus tard, Kyra entendit un ronflement calme et régulier. Appuyée sur son coude, elle contempla le dormeur en pensant à un autre.

Sa personne était l'objet d'un curieux dédoublement. Tandis que sa chair meurtrie gardait de la reconnaissance pour le conjoint qui venait de lui dispenser de la félicité, son esprit et son cœur voguaient vers l'amant en désirant lui appartenir plus encore. Pourtant, alors que l'un l'avait fait jouir avec la précision du scalpel d'un chirurgien tandis que l'autre découvrait juste la carte du Tendre avec une touchante maladresse, c'était le second qu'elle appelait de tous ses vœux. Séméniof se retourna dans son lit. Effrayée à l'idée que, réveillé, il puisse soupçonner ses pensées et appréhendant les excès que l'humiliation lui ferait commettre, Kyra afficha un air tendrement reconnaissant. Elle n'en avait aucun remords.

Chapitre 6

« Comme cela a dû être terrible, ma chère... Moi, j'aurais souffert mille morts au milieu de tous ces affreux bolchéviques. » La réplique de Kyra sonna haut et fort, comme la diane dans la cour d'une caserne : « Une seule aurait suffi, princesse... Les 999 autres auraient été parfaitement superflues. La différence entre nous, c'est que moi, je ne voulais pas leur donner le plaisir d'assister à mon trépas. »

Dans le vaste salon où les lumières se reflétaient dans l'argent du samovar tout en avivant la délicatesse presque transparente du service à thé en porcelaine de Chine, il se fit un grand silence dans l'attente de la suite de l'échange. Piquée au vif de se voir mouchée devant sa coterie, la maîtresse de maison renvoya en effet la balle, pour le plus grand régal des personnes présentes : « Entre nous, ma chère... ne vous a-t-il pas fallu transgresser les principes les plus sacrés pour réussir à survivre ? Remarquez, nul ici ne vous jette la pierre... Seul le Christ n'a jamais renié sa croix. » Kyra eut l'impression que les regards étaient autant de canons de fusil braqués sur elle. Nul doute, elle n'était pas en odeur de sainteté. Dans les jours qui avaient suivi son arrivée à Odessa, Nicolas Alexandrovitch avait insisté avec force pour qu'elle reprenne contact avec la vie mondaine et rende des visites aux personnes bien placées auprès du commandant en chef de l'armée blanche, dont la fréquentation pouvait se révéler utile à la poursuite de sa carrière militaire. Il n'était d'ailleurs pas le seul à poursuivre des ambitions chimériques étant donné la situation des forces tsaristes. Beaucoup allumaient encore les bougies devant l'icône en espérant un renversement miraculeux du sort des armes qui leur rendrait places et prérogatives au sein d'une société dont ils étaient encore tout ébahis qu'elle se fût effondrée tel un château de cartes. Aussi, quoiqu'obligés de se serrer la ceinture dans le privé maintenant que le revenu des prébendes, des terres et des rentes ne rentrait plus, ils ne s'en appliquaient pas moins à se montrer sous leur meilleur jour en public afin de ne pas déchoir et se voir fermer l'entrée des salons convenables. Et ce, pour le plus grand bénéfice des tailleurs et des magasins de mode qui refusaient poliment de faire crédit en prétextant les circonstances incertaines. Et l'on pouvait trouver du panache à une caste capable de poursuivre son papotage frivole sans paraître se préoccuper du chambardement général qui la condamnait sans appel.

Mais aux yeux de Kyra, qui avait vu les hommes partir au combat avec un fusil pour deux et les femmes servir les mitrailleuses chez les Rouges, tous ces beaux messieurs gantés de frais et ces dames pomponnées auraient eu mieux à faire en allant combler les vides laissés par la mort et les désertions en première ligne. Réalisme dû au fait qu'elle avait pris conscience que l'on ne peut se sauver que par soi-même en payant de sa personne alors que ces gens (qui souvent n'avaient jamais rien fait de leurs dix doigts) comptaient uniquement sur Dieu, les Anglo-Français et le général Dénikine. Trinité pourtant de moins en moins crédible. Aussi eut-elle beau jeu de rendre la pareille à une interlocutrice encore toute fière d'avoir lancé une flèche empoisonnée : « Quand on a peur, faim et froid, princesse, les valeurs ne sont plus les mêmes. Vous vous en rendrez compte par vous-même si, par malheur, nos ennemis entrent dans Odessa... »

Un frisson d'horreur agita l'assemblée. Des cris effarouchés et des voix scandalisées fusèrent ensemble : « Que le Ciel nous en préserve ! », « C'est une trahison que de parler de la sorte ! », « Qu'allons-nous devenir ? », « Je ne resterai pas plus longtemps dans la même pièce qu'une révolutionnaire ! », « De qui y a-t-il donc à espérer de la pitié ? » Devant ces faces haineuses ou atterrées, la comtesse Séméniovna ne sut pas résister au bonheur de leur asséner le coup de grâce : « À moins, princesse, que comme beaucoup vous n'ayez déjà retenu votre passage sur le prochain paquebot pour Constantinople. Quoique, les cabines se louent à prix d'or, il est, paraît-il, déjà complet. »

*

En apprenant l'esclandre, Séméniof entra dans une colère froide, dont, l'oreille collée à la porte, Daria Ivanovna se régala en entendant tancer vertement une locataire qui faisait trop la fière à son goût : « Madame... J'espérais une autre attitude d'une femme qui porte mon nom et vous ordonne d'écrire sur le champ un mot d'excuse que je ferai porter immédiatement à la princesse en y ajoutant mes propres regrets... Et je vous prie de cesser de fumer ces cigarillos qui vous donnent mauvais genre ! »

Une lueur rebelle brilla dans les yeux de Kyra tandis que, pour ne pas ajouter inutilement à l'irritation de son époux, elle écrasait dans le cendrier le petit cigare dont elle aimait la saveur âcre depuis qu'elle l'avait découverte après avoir fait les poches de l'affidé de la Tchéka avant de fuir Kiev : « En me forçant à agir de la sorte, vous prenez le parti d'une personne qui n'a eu que ce qu'elle méritait en tentant de me provoquer en public. Ce serait à elle de demander pardon pour avoir voulu m'humilier. » Séméniof parut abasourdi : « Mais enfin... Irina Philippovna appartient à la famille impériale, ma chère. » Kyra eut un rire amer : « Et quand cela serait ? Croyez-moi, à cinquante verstes d'ici, elle ne s'en vanterait sûrement pas. » De guerre lasse, son interlocuteur soupira : « Puisque vous voulez qu'il en soit ainsi, il ne me reste donc qu'à expliquer que les épreuves subies ont quelque peu altéré votre comportement. » La jeune femme haussa les épaules : « Faites-moi passer pour folle si cela vous chante. »

Nicolas Alexandrovitch réalisa combien l'appétit qu'il ressentait pour une épouse, jamais aussi excitante que lorsqu'elle manifestait son indépendance, lui troublait le jugement. Et même plus grave, risquait de le faire soupçonner d'une coupable négligence au profit d'un être cher qui avait l'audace de proclamer ouvertement qu'avec un peu de courage il était possible de s'acclimater et de survivre même chez les Rouges. Il est vrai que, prenant les airs d'une martyre, Kyra se serait rallié toutes les sympathies de gens qui n'attendaient de sa bouche que des récits d'horreur. En aurait-elle profité pour laisser entendre à demi-mot avoir été la victime d'un viol que tous se seraient empressés de lui tresser des couronnes en plaignant dans son dos le comte Séméniof, objet d'un affreux malheur conjugal. Mais qu'elle parût si intacte et combattive au sortir de l'enfer paraissait plus choquant qu'une déchéance. Et le fait, comme il se murmurait, qu'elle s'en fut évadée en la compagnie d'un juif ne faisait qu'aggraver son cas aux yeux des âmes bien pensantes.

Conscient de l'équivoque qui entourait celle qui venait de ressurgir pour ainsi dire du néant, Séméniof regrettait maintenant de ne pas avoir fait disparaître discrètement ce partenaire compromettant après l'avoir interrogé en personne. Sur l'instant, il avait craint des révélations pouvant le mettre dans une fausse situation. Ensuite, l'emportement sensuel déclenché par son premier face-à-face avec la revenante l'avait aveuglé au point qu'il avait négligé de prendre cette mesure de sûreté. Maintenant, il était trop tard. L'homme avait disparu dans le ghetto et le colonel n'en possédait qu'un vague signalement. Demander plus de détails au capitaine Dobychev risquait de faire naître des interrogations qui pouvaient remonter jusqu'au plus haut niveau. Quoique la situation fut désespérée, la rivalité était telle au sein de l'état-major tsariste qu'il se serait exposé à se voir relever de son commandement sous l'accusation d'avoir négligé ses devoirs envers la patrie orthodoxe et son général, qui devaient passer avant tous les autres. Mijotant en secret un projet qu'aurait contrarié cette révocation, il s'était donc résolu à afficher une entière confiance en l'épouse retrouvée. Quitte à régler enfin son compte au youpin s'il retrouvait sa trace par quelque heureux hasard. Mais voilà que, par son attitude, Kyra venait de donner publiquement prise aux soupçons. Il fallait absolument les étouffer dans l'œuf.

« Rendez-vous compte que si vous n'aviez pas la chance d'être la comtesse Séméniovna, vous vous retrouveriez déjà devant les juges militaires pour vos propos défaitistes. Pas plus que dans l'autre camp, on ne plaisante ici avec ces choses-là… Alors, je pense que plaider un égarement passager dû à votre extrême fatigue n'aurait rien d'humiliant pour vous… J'ajouterais que, si vous n'avez pas le souci de votre propre sauvegarde, vous pourriez au moins avoir quelque considération pour un mari que votre arrestation mettrait dans une situation extrêmement désagréable. » La jeune femme se voulut conciliante : « Pardonnez, Nicolas Alexandrovitch, pour le tracas que je vous cause. Dorénavant, je vous promets de tourner sept fois ma langue dans ma bouche avant de répondre… même si je me trouve en face d'une vipère. De plus, je puis vous assurer que je vous encombrerai le moins longtemps possible de ma personne. » Séméniof fronça derechef les sourcils : « Qu'est-ce à dire ? » Kyra ne se troubla pas le moins du monde et poursuivit sur un ton posé : « Je n'ai jamais imaginé de m'imposer définitivement dans votre existence. Tout au long de ces années terribles, vous aviez fini par m'oublier et moi, après que vous ayez été porté disparu au combat en 14, je m'étais faite à l'idée de ne plus jamais vous revoir. » Son interlocuteur ironisa : « Vous m'excuserez, ma chère. Mais blessé et fait prisonnier à Tannenberg, il m'aurait été extrêmement difficile de vous donner de mes nouvelles. Et lorsque les Allemands m'ont libéré en 18…

– Je ne vous fais aucun reproche, Nicolas Alexandrovitch. C'est notre destinée russe qui a brisé ce qui aurait pu être une union paisible. Et hélas, je n'envisage pas que nous puissions la bâtir sur des décombres. »

Séméniof se fit l'avocat du diable : « Même si vous croyez à une défaite que je me refuse d'admettre, la terre n'en continuera pas moins de tourner. Et ne sommes-nous pas unis pour le meilleur et pour le pire ?

– Vous n'avez guère de tendres sentiments à mon égard, Nicolas Alexandrovitch. Et je ne vous aime pas non plus », répondit-elle sèchement.

Atteint dans sa fierté de mâle, son interlocuteur ricana avec une vulgarité voulue : « Vous ne me trouvez pas si repoussant au lit. » La jeune femme s'éloigna de lui comme si elle craignait un contact. Lui tournant le dos, elle parut s'intéresser plus au va-et-vient dans la rue par la fenêtre qu'à sa présence : « Le corps n'obéit pas toujours au cœur et à la tête... Mais croyez-moi, quel que soit l'avenir, je ne suis pas l'épouse qui vous convient. Divorçons et restons bons amis. »

Le sang monta au visage de Séméniof. Si, en cet instant, il avait eu sa cravache sous la main, il l'en aurait fouettée jusqu'à ce qu'elle crie grâce. La colère lui causa une brutale érection. Et seule la crainte que ses cris de résistance n'ameutent tout le voisinage et fassent jaser le retint de mater l'impudente en la troussant là, sur le sofa du salon, avant de la prendre comme une putain. Il se contint donc avec difficulté en reprenant un ton persifleur : « M'autorisez-vous au moins à m'inquiéter de ce que vous compteriez faire au cas où j'approuverais ce beau projet ? » Sans se retourner, Kyra montra sa main gauche où scintillait un solitaire qu'elle avait su cacher depuis le début de la Révolution et conserver à travers toutes les péripéties qui l'avaient amenée à Odessa : « Dès que j'aurai vendu ce diamant qui me vient de ma famille et que vous le jugerez convenable, je prendrai le bateau pour la France. »

Les affres de la jalousie mirent son interlocuteur en fureur : « Encore en compagnie de ce juif sans doute ? » Opérant une volte-face, la jeune femme le regarda bien dans les yeux : « Vous faites erreur, Nicolas Alexandrovitch... devant Dieu qui nous voit, je vous jure que je partirai seule. » Impossible de ne pas la croire. Sur ce point au moins, cela mit du baume dans le cœur de Séméniof, mais la plaie d'amour-propre n'en demeurait pas moins. Il lui était insupportable qu'une épouse, et de plus la sienne, revendique sa liberté. Il y avait là comme une injure faite à sa qualité d'homme auquel, de tout temps, la loi et la religion avaient donné tous les droits sur le sexe faible. Et même si, jusqu'à présent, Kyra n'avait pas eu précisément sa place dans ce qu'il projetait pour l'avenir, qu'elle puisse vouloir s'en exclure d'elle-même allait contre toutes les conventions sociales qu'il avait appris à respecter. Il respira un grand coup afin de retrouver un calme sarcastique : « Je vous remercie de me rassurer sur ce point. Le contraire m'eût donné à penser que vous étiez une femme perdue et sans honneur. Quant au second point, il n'est ni en votre pouvoir ni au mien de rompre, par caprice, des liens que l'Église a consacrés. Il ne vous reste donc qu'à espérer que les combats vous délivrent d'un mari gênant. Mais, en attendant, je vous conjure de vous montrer sous votre meilleur jour à la soirée à laquelle nous a conviés le général Dénikine. Le contraire m'obligerait à prendre des mesures radicales à votre égard. Et il n'est pas une personne de notre monde qui ne me donnerait pas raison. »

*

« Qui chevauche si tard dans la nuit et le vent ?
C'est le père avec son enfant.
Il serre fort le garçon dans ses bras.
Il le tient au chaud, il le protège.

Une main aux ongles carminés reposant sur l'ébène du piano à queue et l'autre barrant sa volumineuse poitrine serrée dans la soie mauve, la diva bien en chair (qui, à une meilleure époque, avait connu nombre de triomphes à Moscou) modulait, avec des mouvements outrés des lèvres, le lied tragique de Franz Schubert. Pourtant, la voix ample aux inflexions musicales pénétrantes, peut-être justement grâce à cet effet comique de la bouche, faisait par sa pureté oublier tout ce que sa posture pouvait avoir de trop théâtrale.

– Mon fils, pourquoi cacher ton visage plein d'effroi ?
– Père, ne vois-tu pas le roi ?
Le Roi des Aulnes avec sa couronne et sa traîne ?
– Mon fils, c'est une traînée de brume.

Face à la cantatrice, Kyra était assise parmi les autres invitées alignées en rang d'oignons sur des petites chaises dorées. Ce kaléidoscope d'atours de couleurs vives encadrait les bajoues et les lourdes paupières du commandant en chef de l'armée blanche, boudiné dans une veste constellée de décorations au premier rang. En habit ou en uniforme, tous les autres hommes présents, dont Séméniof, se tenaient debout en arrière. Ennuyés au début de ce récital qui leur avait paru déplacé alors que les Rouges étaient presque aux portes d'Odessa, la plupart subissaient maintenant l'envoûtement de la mélodie germanique qui rejoignait leurs tristes préoccupations en évoquant d'une manière si présente la toute-puissance du Roi des Aulnes que certains en venaient à comparer avec ce Vladimir Ilitch Lénine qui les avait dépouillés de tout ce qu'ils étaient auparavant. Le soprano dramatique suggérait maintenant des plaisirs enchanteurs :

– Cher enfant, viens, partons ensemble.
Je jouerai tant de jolis jeux avec toi.
Tant de fleurs émaillent le rivage.
Ma mère a de beaux vêtements d'or…

Le temps d'une romance, ceux des auditeurs qui étaient les plus familiers avec la langue de Goethe se mirent à regretter dans leur for intérieur de ne pas avoir voulu croire au futur radieux promis par les communistes. Cela aurait peut-être valu la peine de tenter la chance.

– Veux-tu, fin jeune garçon, venir avec moi ?
Mes filles s'occuperont de toi gentiment.
Ce sont elles qui mènent la ronde nocturne.
Elles te berceront par leurs danses et leurs chants.

Remuée, comme le reste du public, par les notes aiguës et les basses si limpides de la voix qui exprimait successivement l'interrogation d'un père, la crainte enfantine, la tentation susurrée par l'enjôleur tapi au sein des ténèbres et enfin, l'angoisse du géniteur, Kyra fixa son attention sur les mains blanches de l'accompagnatrice au physique ingrat, mal attifée, choisie sans doute afin qu'il n'y ait pas d'erreur sur celle à qui iraient les applaudissements. Les doigts longs et déliés parcouraient le clavier du Pleyel. Elle ferma les yeux. Les accords *fortissimo*, plaqués au final de chacune des strophes afin de rendre la fureur du vent agitant les branches, la transportèrent par la pensée loin de l'imposant salon qu'illuminait le lustre de Venise à larmes de verre. De nouveau, les flots du Boug grossi par l'orage l'emportèrent dans le tourbillon fatal.

– Père, père, voilà qu'il me prend.
Le Roi des Aulnes me fait mal... »

L'anxiété du cavalier poussant sa monture fut égale à la sienne lorsque, réussissant enfin à s'arracher au fleuve, elle avait cru noyé celui qui lui était devenu si cher.

« Le père frissonne, il presse son cheval.
Il serre sur sa poitrine l'enfant qui gémit.
À grand-peine, il arrive à la ferme.
Dans ses bras, l'enfant est déjà mort. »

Les applaudissements éclatèrent. Kyra revint à la réalité avec difficulté. À son exemple, secouant même la tête comme s'ils voulaient chasser l'hypnose dans laquelle les avait plongés le chant puissant, d'autres gardaient un air halluciné. L'accompagnatrice avait laissé retomber ses mains, maintenant inutiles, le long de son corps et demeurait le buste droit, assis sur le tabouret du piano. Ce maintien modeste (alors qu'elle aurait largement mérité de recevoir sa part des vivats) contrastait fort avec l'expression animée de la cantatrice manifestement ravie d'un succès qu'elle savourait en saluant l'auditoire dans toutes les directions. Tenant son violon et son archet, l'image de Mendel se superposa sur celle de la triomphatrice d'un soir. Puis se souvenant brusquement que l'artiste qu'elle tenait pour un virtuose exceptionnel était à cette heure condamné à jouer pour les ivrognes d'une taverne du ghetto, la jeune femme eut un sentiment de compassion et de révolte en faveur de celle qui lui paraissait demeurer étrangement absente alors que montaient des félicitations qu'on aurait dû également lui offrir sans qu'elle les réclame. Soudainement indignée par cette injustice et par toutes les autres, il lui fut insupportable de ne pas revoir au plus tôt l'artiste qu'elle admirait tout en le chérissant.

*

En voyant sortir de l'appartement de la rue Tolstoï la comtesse Séméniovna uniquement en jupe, corsage blanc et sans chapeau, comme une simple ouvrière, Daria Ivanovna fut certaine de tenir sa vengeance. Prête à se mettre en quatre afin de faciliter une intrigue galante si on l'en avait convenablement rétribuée, cette petite bourgeoise à l'âme d'entremetteuse n'avait que de la rancœur envers cette locataire trop belle qui avait dédaigné ses offres de services. Aussi frustrée dans ce goût qu'ont les maquerelles pour le partage des secrets féminins jusqu'aux détails les plus intimes, elle avait rongé son frein dans l'attente d'un faux pas qui, révélé par ses soins, ferait chuter l'orgueilleuse de son piédestal. C'est dire si, constatant par la fenêtre que Kyra partait à pied (ce qui confirmait ses soupçons quant à un rendez-vous secret), elle ne barguigna pas à prendre le même chemin et à suivre cette dernière à distance afin de ne pas se faire repérer.

Le cœur impatient et ignorant être prise en filature, Kyra, elle, prit plaisir à traverser une partie d'Odessa d'un bon pas.

Toutes ces années passées de « l'autre côté » l'avaient habituée à un effort physique permanent. Aussi, l'obligation que lui avait signifiée Séméniof de se conduire de nouveau comme une dame en prenant des fiacres pour se déplacer lui pesait. Là, loin des corvées mondaines, elle respirait enfin l'air venu de la mer Noire tout en côtoyant le populaire. Marchant en groupe, des marins se retournaient sur cette jolie silhouette au je-ne-sais-quoi d'aristocratique, qui retenait même les plus hardis de la héler avec effronterie.

En arrière, témoin de l'intérêt masculin porté à celle qu'elle épiait, Daria Ivanovna n'en prenait que plus conscience de son insignifiance. Jamais un homme ne l'avait dévorée ainsi des yeux. Le seul qu'elle ait connu bibliquement, son maigrichon d'époux, s'en était allé de la poitrine après quelques années de brèves et monotones étreintes sans fruit. Dieu merci, au moins lui avait-il laissé l'appartement. Mais là, observer tous ces jeunes gars si bien bâtis accompagner d'un regard qui en disait long l'arrogante qui, comme on dédaigne de jeter une pièce à un mendiant, lui avait refusé l'aumône d'une confidence, la remplissait encore plus de fiel. Au point qu'elle était prête s'il le fallait à aller jusqu'en enfer afin de se venger de sa triste vie de femme sur Kyra qui n'y était pourtant pour rien.

*

La marcheuse atteignit enfin la Moldavanka. Dès les premières bâtisses consacrées par la *mézouza*[28], elle se sentit dépaysée par l'atmosphère si particulière du ghetto. C'était là un autre Odessa. Plus vivant, avec toutes ces voix criardes qui s'interpellaient en yiddish et où tous les hommes jusqu'aux plus jeunes garçons vaquaient à leurs occupations invariablement coiffés d'une calotte, d'un feutre ou d'une casquette, y compris à l'intérieur des magasins ou aux fenêtres des appartements. Même les odeurs de cuisine flottant dans l'air exhalaient un parfum oriental riche d'épices et de sucré, qui faisaient autrement saliver les papilles que la fade kacha à la russe. Un bébé potelé suspendu à la mamelle, une mère de famille se pencha à la croisée, piaillant pour rameuter quelqu'un : « Mendel ! Mendel ! »

Kyra tressaillit en entendant appeler un prénom qu'elle comptait bien prononcer elle aussi. Mais bien entendu, ce ne fut pas celui qu'elle était venue chercher au ghetto qui réagit. Lançant une bille zigzagante dans la rigole sous le regard intéressé des vieilles en train de grignoter des graines de pastèque séchées, une tête coiffée d'une casquette trop grande tombant jusqu'au ras des yeux fit écho à l'invitation : « Tout de suite, *mamèle*. Tout de suite. » Voyant le gamin pousser

28. Petit cylindre de cuivre à l'intérieur duquel se trouvent imprimés la profession de foi juive et le rappel que les fidèles doivent observer la loi divine aussi bien dans la maison que hors de la maison. Chaque fois qu'il revient d'une absence, un bon juif se doit de l'effleurer à deux doigts, qu'il porte ensuite à ses lèvres avant de franchir le seuil de sa demeure.

à nouveau son calot sans montrer d'empressement, l'une des picoreuses assises au seuil des maisons leva les yeux au ciel : « Il vient. Il vient, *kayn aynoré*, Rifka. » Là-haut, son nourrisson cramponné goulûment au sein, l'autre ne se contenta pas d'une vague promesse : « Mendel ! Tout de suite, c'est pas demain ! »

Amusée encore de ce qui aurait pu être une erreur sur la personne, Kyra hésita devant le labyrinthe des ruelles enchevêtrées aux immeubles surélevés après coup de plusieurs étages pour gagner de la place en hauteur, puisque le quartier juif n'avait pas le droit de s'étendre en surface. Elle écouta le tac-tac-tac régulier de nombreuses machines à coudre piquant de concert comme pour une symphonie des culottiers. Par une ouverture, une basse profonde exprima la douleur et l'amertume d'un livret d'opéra : *Ris donc, Paillasse...*

Sans doute un presseur qui rêvait de la Scala en mettant à chauffer son fer à repasser les pantalons. Ici, rien de cette fébrilité qui poussait le reste de la ville à vouloir profiter des joies de l'existence comme si la fin était proche. Tsarisme, bolchévisme... Il sembla à Kyra que, quel que soit le terme en « -isme » que l'on veuille lui imposer, le ghetto y demeurait toujours imperméable, comme une enclave résistant à tous les envahisseurs uniquement par la force de sa différence. En fait, ce n'était qu'une impression superficielle et la réalité était beaucoup plus sombre.

À part les écervelés croyant dur comme fer que la Révolution allait changer les mentalités russes en condamnant définitivement l'antisémitisme, la majorité de la population, se référant à la sagesse talmudique qui affirmait que le paradis n'était pas sur terre, se contentait de « faire comme si » en attendant les orages inévitables que ne manqueraient pas de déclencher les non circoncis qui avaient l'habitude séculaire de se consoler de leurs malheurs en tapant sur les juifs. Mais nul, pas même Mendel, n'ayant éclairé la comtesse Séméniovna sur cette philosophie de la persécution, la jeune femme, trompée par l'apparence décontractée des uns et des autres, s'apprêtait donc à demander son chemin aux croqueuses de graines salées lorsqu'un quadragénaire costaud en gilet à fleurs barré d'une chaîne d'or, pantalon bien coupé et chaussures bicolores la salua en portant deux doigts au canotier qu'il portait en arrière du front : « Chère madame, désirez-vous une pièce de soierie du Japon qui embellira ces jolies rondeurs... ou du caviar... ou du cognac... À moins que vous ne vouliez plutôt échanger nos pauvres roubles contre du bon argent de France ou d'Angleterre ? » La courte barbe noire taillée encadrait un visage aux yeux malins comme un singe : « À moins que notre visiteuse ne cherche... Mais quoi donc, au fait ? Sûrement rien que je ne puisse lui procurer, sauf la beauté qu'elle possède déjà et l'avenir qui n'appartient qu'à Dieu... » Amusée par ce bagout de camelot, Kyra réussit enfin à placer un mot : « Il vous suffira de m'indiquer la direction de la rue Sophievskaïa. »

Son interlocuteur fronça des sourcils fournis : « Je crains que notre gente dame ignore où elle va mettre les pattes… Aussi, l'accompagnerai-je. » La jeune femme s'agaça : « Et à quel titre, je vous prie ? » L'homme écarta un pan de son gilet fleuri. La crosse d'un colt dépassait de sa ceinture : « Uniquement pour que l'honneur du ghetto ne soit pas terni par une mauvaise affaire qui amènerait le commissaire à faire du zèle… Et chacun sait ici que la police ne demande qu'à nous tourmenter, nous autres juifs. »

Les ayant observés tout en continuant à avaler à la file des pépins séchés comme une poule à laquelle on a jeté du grain, l'une des vieilles lança à la cantonade : « *Mènschèn*[29]… Voilà que notre Itzak s'est trouvé une fiancée. » Mâchonnant d'aussi bon cœur, sa voisine claironna : « *Mazel tov*[30] ! Mais à qui fauchera-t-il la robe de mariée ? » Toutes les édentées partirent d'un rire caquetant, qui se termina pour certaines en une toux catarrheuse. Jovial, le dénommé Itzak y fit écho avant de leur rendre le compliment d'un ton volontairement sentencieux : « Si un homme est honnête, c'est simplement qu'il n'a pas encore eu l'occasion de faire main basse sur le bien d'autrui… Quant à vous mesdames, qui nous mettez au monde, nous qui pissons contre le mur, à qui la faute si nous ne sommes pas tous parfaits ? »

29. Gens.
30. Bonne chance.

Sans comprendre l'idiome du ghetto, ce yiddish perpétuellement nourri de sarcasmes et de paradoxes (qui seuls peuvent réparer bien des injustices en prenant à contrepied les préjugés), Kyra devina que l'accent ironique de ce gaillard armé n'était pas exempt de tendresse pour celles qui avaient fait leur temps. Ayant entendu les mêmes inflexions dans la bouche de Mendel lorsqu'il s'agissait de lui décrire les mille travers du shtetl et de ses habitants, elle en fut émue. La voyant troublée, l'une des vieilles bien décidées à avoir le dernier mot dit en russe : « C'est un bandit. » Sans s'en offusquer, celui qui venait d'être traité de la sorte rugit dans la même langue : « Et alors, *boubèlè*[31], que pourrait-il y avoir de mieux qu'un voleur pour protéger cette jolie dame des autres voleurs ? »

*

Cachée dans l'encoignure d'une porte cochère, Daria Ivanovna pressentit que l'homme au gilet fleuri n'était pas le bon. Sinon, même à distance, elle n'aurait pas manqué de ressentir le rayonnement chaleureux que diffusent deux êtres tout au bonheur de se retrouver. Les sens aiguisés par le désir de nuire, elle reprit donc sa filature, suivant la comtesse Séméniovna et son guide trente pas en arrière avec une adresse d'argousin habitué à se fondre dans l'ombre. Et nul

31. Grand-mère.

décor n'aurait pu mieux convenir à une âme tourmentée par de noirs desseins que ces ruelles montantes, au lacis si fantaisiste que seul Dédale en personne avait dû présider à son élaboration. Aussi, quoique sa crainte des juifs lui fasse se signer discrètement de peur qu'il lui jette le mauvais œil à chaque fois que son regard croisait celui d'un habitant du ghetto, Daria Ivanovna n'en continuait pas moins sa ténébreuse poursuite, mais se boucha les oreilles en passant devant une synagogue d'où montait la monotone psalmodie des prières hébraïques.

*

Moins pressée de retrouver un amant, Kyra aurait peut-être pris conscience de la volonté maléfique qui se dissimulait dans son sillage. Mais la bassesse lui étant étrangère, il ne lui était pas venu un instant à l'esprit que la logeuse de la rue Tolstoï puisse l'espionner et sans doute la dénoncer à Nicolas Alexandrovitch. D'ailleurs, ayant pris goût à des rapports sociaux différents pendant les années passées dans le camp bolchévique, elle croyait avoir gagné la sympathie de Daria Ivanovna en se refusant à la traiter comme une domestique, alors que c'était justement cette fin de non-recevoir opposée à l'offre de la servir jusqu'à la complaisance qui avait attisé la rancune de celle dont elle avait voulu préserver la dignité. Erreur d'appréciation qui risquait de lui coûter fort cher à cette heure.

Ignorant cette faute psychologique, le cœur de la jeune femme battait trop fort maintenant pour qu'elle entende d'autres pas que les siens. Surtout après que son guide occasionnel eut admis à regret (pourquoi s'intéresser à un si mince personnage alors que le roi des voleurs lui faisait l'honneur de son auguste compagnie ?) qu'en effet un certain Mendel jouait à l'occasion du violon pour les ivrognes de la taverne de la rue Sophievskaïa : « Qui n'est qu'un rendez-vous de gibiers de potence au sein duquel le gentilhomme juif que je suis ne se pardonnerait jamais de vous avoir laissée entrer sans escorte. »

Rassurée par la présence de ce brigand charitable, Kyra l'en remercia en le priant de presser l'allure. Itzak s'exécuta. Une question lui brûlait les lèvres : quel lien pouvait-il y avoir d'aussi fort entre un musicien, qu'il avait classé au premier regard dans la catégorie des *luftmenschen*, et cette jeune et belle *goy*, à laquelle la repousse des cheveux drus et encore très courts donnait un air de garçon manqué ? Mais respectant la loi du silence en vigueur dans toute pègre (qui ne sait rien ne risque pas, même involontairement, de fournir des renseignements à la police), il s'abstint de la poser en regrettant seulement qu'une créature aussi désirable puisse s'entêter à aller rejoindre ce *schmendrick*[32] venu de la cambrousse alors qu'un voyou, auquel bien des beautés du ghetto faisaient les yeux doux, était tout disposé à lui offrir

32. Un blanc-bec.

sa chance. En tout cas, il y avait un mari quelque part. La preuve en était l'anneau doré qui brillait au doigt de sa protégée, en dessous d'un fort joli diamant auquel il n'aurait pas été ennemi de faire subir un tour de passe-passe si lui, Itzak Blum, ne venait pas d'être la victime d'une sorte de coup de foudre. Et à la fois victime, en voyant dès leur entrée dans le cabaret enfumé l'élan passionné qui jetait l'un vers l'autre les deux amants, de son premier chagrin d'amour à quarante ans. « Mais, je m'en remettrai », se dit-il.

*

On pourrait penser que de découvrir Mendel ceint d'un tablier sans couleur et un chiffon à la main pour essuyer les tables crasseuses aurait dû ternir à jamais l'idée que Kyra se faisait de lui. En effet, le minable garçon de salle d'une taverne du quartier juif ne pouvait se trouver qu'à des années-lumière de l'artiste triomphant que la comtesse Séméniovna avait imaginé lors du concert chez le général Dénikine. Et pourtant, ce fut justement cette apparence presque misérable qui le rendit proprement irrésistible. Comme quoi, si rien ne vaut de faire rire une femme pour la séduire, l'apitoyer peut se révéler tout aussi efficace. La preuve en fut que, débordante de compassion à l'idée qu'un pareil talent gâché dans un emploi par trop avilissant, l'arrivante se laissa serrer dans les bras du serveur, à la grande stupéfaction des accoutumés habitués à le traiter comme un moins que rien et au dépit d'Itzak Blum, qui ne se résignait toujours pas à ce qu'une créature aussi douée de charme puisse se mourir d'amour pour un individu auquel l'envie lui faisait accorder aussi peu de santé que de capacité à faire fortune. À son avis, deux défauts absolument rédhibitoires.

Insoucieux du qu'en-dira-t-on, Mendel et Kyra s'étaient maintenant légèrement écartés l'un de l'autre, tout en se tenant par les mains en silence. Ils se dévoraient du regard sans pouvoir se rassasier. Impatienté par cette immobilité de statues, dont chacun avait l'impression d'entendre battre le cœur, un ivrogne commanda : « Sers-moi une vodka ! » Itzak cria : « Ta gueule ! » Ce fut comme si l'on venait de rompre le cercle enchanté. Les buveurs qui avaient retenu leur souffle reprirent leurs parlotes. L'oncle de Mendel alla servir le soiffard.

Les amants se sourirent enfin en échangeant des banalités : « Tu vas bien ?

– Oui. Surtout maintenant que je te vois. Et toi, comment est ta vie ?

– Ni gaie. Ni triste. Peux-tu t'absenter ? »

Mendel alla glisser quelques mots au cabaretier qui, après avoir jeté un regard désapprobateur vers la jeune femme, haussa les épaules comme pour dire « puisque je ne peux pas t'en empêcher ». Elle allait sortir lorsque, la saluant d'un geste large du canotier, son guide improvisé se montra grand seigneur jusqu'au bout des ongles : « En cas de besoin... Itzak le *ganef*[33] sera toujours à votre disposition, madame. »

*

Daria Ivanovna avait pu apercevoir par la fenêtre ouverte l'élan qui avait jeté l'un vers l'autre la comtesse Séméniovna et le serveur. Sur le coup, elle en demeura si figée d'étonnement qu'elle en oublia de reculer, au risque de se faire repérer lorsque le couple surgit sur le seuil de la taverne. Qu'un grand seigneur ait une liaison avec une grisette, quoi de plus normal ! Mais qu'une aristocrate prenne le risque de se compromettre avec un individu du bas de l'échelle, et un juif de surcroît, la scandalisait au plus haut point. En elle, la petite bourgeoise ressentait comme une insulte ce viol des conventions sociales garantes de sa supériorité sur le populaire. Et alors qu'un moment auparavant elle avait joué avec l'idée de menacer l'orgueilleuse de tout révéler à Nicolas Alexandrovitch pour jouir de la voir s'humilier en la suppliant de ne rien faire (et peut-être en tirer quelque bénéfice plus substantiel), la vue de ce bonheur partant bras dessus bras dessous la révolta tant qu'elle se sentit maintenant chargée d'une mission vengeresse au nom des castes bafouées. Aussi, telles les Érinyes descendant de l'Érèbe afin de châtier ceux qui transgressaient les lois sacrées, elle reprit le

33. Le voleur.

chemin de l'appartement de la rue Tolstoï à grands pas, en savourant l'instant où le colonel-comte Séméniof apprendrait de sa bouche une infortune conjugale aggravée par le choix dégradant qu'avait fait l'épouse infidèle.

*

Se croyant seuls au monde comme tous les amoureux, Kyra et Mendel s'enfoncèrent encore plus profondément par les ruelles montantes du ghetto jusqu'à arriver à une petite place à la vue dégagée. Ils s'assirent sur le banc de pierre ombragé par un grand figuier. À leurs pieds, le soleil faisait scintiller la mer gigantesque, dont l'écume neigeuse venait ourler les plages et les rochers du Péréssyp. Au loin, les mâts des bateaux de pêche se balançaient au-dessus de l'eau couleur émeraude du fleuve d'Odessa. Plus près, au cœur de la rade, des chaloupes allaient et venaient reliant les silhouettes grises et effilées des torpilleurs français entre elles tandis que sur les quais du port de commerce, le bras des grues plongeait mécaniquement dans le ventre des cargos. Mendel se décida enfin à rompre un silence sur lequel venait buter le brouhaha de la ville : « Pars-tu bientôt ? » Kyra appuya sa tête sur son épaule : « Dès que possible. Les bolchéviques seront là avant peu.

- Ton mari ?

- Nicolas Alexandrovitch espère me convaincre de n'en rien faire. Mais, je suis décidée. Et toi, comment vis-tu ? »

Le jeune homme retrouva instantanément son sens de l'humour : « Je me le demande moi-même... L'oncle n'est pas un mauvais homme. Mais les épaulettes dorées et le titre mis à part, il n'est pas si différent de ton époux qui ne veut pas entendre parler de l'étranger. Pour lui, les juifs qui veulent s'en aller bâtir un pays en Palestine ne sont que des fous tout juste bons à enfermer. » Kyra rit : « Tu iras donc. » Mendel la serra tendrement contre lui : « Même dingues, ce sont des maçons et des agriculteurs dont on a besoin là-bas... Pas d'un violoniste. Vois-tu, comme il n'était plus possible de se rendre à Vienne ou à Berlin à cause de la guerre, mon professeur, *Reb* Avrom Hersch, m'a remis en 14 un mot d'introduction pour le maître Kreisler, qui avait été son ami, en me disant que seules les montagnes ne peuvent pas aller l'une vers l'autre. » Sa compagne s'inquiéta : « Cette lettre... » Tout fier, le jeune homme extirpa de sa poche une enveloppe jaunie et manifestement repassée au fer chaud pour lui redonner un aspect présentable : « Je l'avais cousue dans un morceau d'imperméable qui ne m'a pas quitté... Kreisler est parti d'Allemagne et vit aujourd'hui à New York. »

Ils se turent à nouveau, le regard fixé sur l'immensité scintillante de la mer Noire. En pensée, déjà loin l'un et l'autre de la terre russe et le cœur déchiré de la perdre à jamais. Ils savent également que l'émigration va les séparer pour la vie et ont déjà la nostalgie de cet instant où celle-ci leur paraissait encore plus belle parce qu'ils étaient ensemble. Kyra tenta d'échapper à l'émotion qui l'étreignait : « As-tu trouvé un moyen de quitter Odessa ? » Arraché à son propre désarroi, Mendel soupira : « Il y a un orchestre de danse sur les paquebots de la ligne de Constantinople. J'espère pouvoir remplacer un musicien malade au pied levé... Une fois en Turquie, j'aviserai... »

Ainsi donc, certains quittaient le pays natal sur un air de valse. Mais c'était peut-être juste une façon d'étourdir le chagrin. La jeune femme murmura : « Maintenant il faut que je rentre. » Le violoniste déposa un doux baiser au creux de sa main : « Nous verrons-nous à nouveau ? » Kyra se força à plaisanter : « Aujourd'hui, c'est parce que je l'avais décidé. Demain, ce sera si Dieu le veut. »

*

Alors que Daria Ivanovna servait le souper, la comtesse Séménio crut lire de brefs éclairs de triomphe dans son regard à chaque fois que leurs yeux se croisaient. Mais, à aucun moment, elle ne s'imagina que la logeuse avait pu surprendre son secret. D'ailleurs, tout en mangeant distraitement, sa pensée était encore tournée vers le ghetto. Elle sourit au souvenir de l'aimable voleur qui lui avait servi de guide. « Comment s'appelait-il déjà ? Ah oui ! Itzak le *ganef*... » Surprenant cette expression sur sa physionomie, Nicolas Alexandrovitch (à qui la dénonciatrice n'avait pas encore eu l'occasion de faire son rapport) s'étonna en trempant ses lèvres dans le vin de Crimée : « Vous serait-il arrivé quelque chose de particulièrement heureux dans la journée, ma chère ? » Un émoi joyeux gonfla malgré elle le cœur de Kyra, qui, prise par surprise, eut sur le bout de la langue un aveu qu'elle ravala aussitôt en réalisant les conséquences. Aussi fut-ce en marquant le plus grand détachement qu'elle répondit : « Je songeais juste à la mer qui était si belle sous le soleil cet après-midi. Comment ne pas oublier les malheurs de la guerre en la contemplant ? »

Daria Ivanovna, qui venait de déposer un compotier de pêches à la peau veloutée sur la nappe, ne put s'empêcher de grommeler : « Les uns meurent. Les autres vivent. » Nicolas Alexandrovitch la rabroua sèchement : « Qui vous a autorisée à vous mêler de nos conversations ? » La logeuse s'excusa : « Personne, Excellence. Personne. » Mais avant de quitter la pièce, elle lança un tel regard à Kyra que celle-ci en fut effrayée sans savoir pourquoi. Ayant déjà oublié l'accident, Séméniof but son verre d'un trait avant de se lever de table : « Passons à côté. » Son épouse fit mine d'étouffer un léger bâillement : « Pas ce soir. Je me sens lasse. » Il parut contrarié : « Eh bien, à plus tard... J'espère que vous serez plus disposée lorsque je vous rejoindrai tout à l'heure. »

Sous cet œil qui la déshabillait crûment, Kyra eut un sursaut de révolte contre son corps qu'elle savait incapable de résister à un plaisir charnel que son esprit aurait voulu refuser. « Au moins, même lorsqu'il me possède, je pense à un autre. » Et soudain, elle se sentit absoute du péché par le fait que son mari ne lui laissait pas le choix. « Suis-je donc un objet dont il peut disposer à son gré ? » À son tour, Nicolas Alexandrovitch parut gêné par la flamme rebelle qu'il voyait scintiller dans les iris verts. Furieux de ne pouvoir l'éteindre, il tourna les talons et passa au salon. Rassérénée par cette semi-victoire, Kyra partit se coucher en rêvant à une deuxième escapade au ghetto.

*

Ouvrant le coffret à cigares, Séméniof huma soigneusement un havane après l'autre avant d'en choisir un. Puis, en ayant coupé l'extrémité avec ses dents, il le fit chauffer d'un bout à l'autre à l'aide d'une longue allumette tenue de manière à ce que la petite flamme ne fasse qu'effleurer la cape jusqu'à ce que le brin de bois soit presque entièrement consumé. Saisissant enfin entre le pouce et l'index l'extrémité la plus mince de l'objet de toutes ses attentions, il en tira une première bouffée.

En fait, ce cérémonial presque sensuel n'était pas sans rapport avec la technique amoureuse dont Nicolas Alexandrovitch savait faire preuve au lit afin d'amener sa partenaire au paroxysme des sens par une savante progression des caresses. Plus que de goûter le plaisir du mâle, souvent trop bref et décevant lorsqu'il n'est pas le complément d'un sentiment profond, son régal était d'amener à la soumission totale une femme à laquelle il refusait le plus longtemps possible l'orgasme pour se délecter de ses prières. Et, prouesse dont il n'était pas peu fier, même des prostituées, pourtant entraînées à ne faire que du théâtre pour satisfaire le client, avaient parfois perdu leur maîtrise dans ses bras.

Ayant donc pris tout son temps pour satisfaire aux rites des fumeurs de londrès, il se campa devant la fenêtre d'où l'on pouvait apercevoir le mouvement nocturne de la place voisine. Mais indifférent au va-et-vient des fiacres, des automobiles et des passants, il était seulement dans l'attente de l'instant où, après avoir écrasé son mégot rougeoyant dans le cendrier, il rejoindrait la tiède endormie pour l'arracher au sommeil avec virilité. Un bruit léger dans son dos le fit se retourner.

La mine embarrassée, mais l'œil vipérin, Daria Ivanovna venait d'entrer dans le salon : « Puis-je entretenir votre Excellence ? » Séméniof exhala une bouffée vers le plafond : « Nous ne sommes pas le jour du terme, que je sache. À moins que vous ne veniez me prévenir d'une augmentation du loyer. » La logeuse se fit encore plus humble, mais le regard demeurait terrible : « Je ne me le permettrai pas à une heure pareille et alors que vous savourez votre cigare, Nicolas Alexandrovitch. Croyez d'ailleurs que ce n'est que le soin que j'ai de vos intérêts qui me fait vous révéler ce que j'ai surpris tout à fait par hasard cet après-midi. »

Agacé, le fumeur la pressa : « Au fait, au fait, Daria Ivanovna. » La boulotte soupira : « Voilà... Comment vous dire ? Comme cela me peine... » Puis comme si on la forçait à un aveu : « Il s'agit de madame la comtesse... » Brusquement tendu, Séméniof aboya : « Eh bien, quoi ? Parlez, maintenant ! » La femme se signa : « Que Dieu me damne si je mens... Allons, puisqu'il faut tout vous dire pour votre bien, Nicolas Alexandrovitch... Aujourd'hui, je me suis rendue dans le ghetto pour acheter à un contrebandier de ce cognac français que vous aimez tant. Et là, j'ai vu... Que n'ai-je été aveugle ! Kyra Andrévna... Madame... Oui. En compagnie d'un jeune homme... Le serveur d'un cabaret de la rue Sophievskaïa. » Elle refit le signe de croix : « Un juif, Excellence. Comme s'il n'y avait pas suffisamment de bons orthodoxes pour tromper son époux... » À cran maintenant, Nicolas Alexandrovitch gronda : « J'exige que vous me disiez tout... »

Il ne l'accusait pas de mensonge, sachant pertinemment qu'elle parlait vrai. Kyra s'en était allée rejoindre son compagnon d'équipée à travers le territoire des Rouges. Et la dernière remarque de la logeuse ne lui laissait guère d'illusion sur les rapports tissés entre eux. Il se raccrochait quand même à un espoir : « N'exagérez-vous pas ? » Daria Ivanovna soupira hypocritement : « Comme j'aimerais, Excellence... Hélas, je les ai vus s'embrasser bien autrement que frère et sœur... Et ensuite, ils s'en sont allés loin de tous... Qu'y puis-je ? »

Le sang bouillait maintenant dans les veines de Séméniof en lui donnant des idées de meurtre. Le voyant passer une main sur son front, la logeuse s'apitoya : « Elle ne vous mérite pas, Nicolas Alexandrovitch. » Il se força au calme. D'abord, faire taire cette sorcière : « Si vous dites un mot de tout ceci à quiconque, vous vous en repentirez... M'avez-vous bien compris ? » Il aplatit avec violence le bout incandescent de son cigare dans le cendrier : « Et je vous écraserais comme une punaise. » Prise de peur, Daria Ivanovna balbutia en reculant vers la porte : « À personne, Excellence. À personne... sur la croix du Christ ! Je vous souhaite le bonsoir. »

Demeuré seul, Séméniof respira un grand coup. Que faire ? Si l'amant avait été un autre officier, il aurait pu le provoquer en duel. Mais un juif ! Il y avait de quoi devenir la risée de tous. Chassant de son esprit une éventualité aussi inconcevable, il retourna sa colère vers celle qu'il avait cru réduire à une sorte d'esclavage des sens. Comme elle l'avait joué. Il la singea à mi-voix : « Pas ce soir... je me sens lasse. » La rage le submergeait. Il alla prendre son révolver d'ordonnance dans l'étui de cuir accroché au portemanteau de l'entrée et fit sauter le cran de sûreté. Lui tirer une balle dans la tête pendant son sommeil. « La dévergondée ne connaîtra même pas l'absolution de ses péchés. » Puis, alors qu'il allait forcer la porte de la chambre d'un coup de botte, la crainte du scandale le retint. Même passionnel, un meurtre le ferait irrémédiablement chasser de l'état-major. Impossible. Il lui fallait absolument y demeurer jusqu'à l'instant où il en déciderait autrement.

Songeur, il retourna au salon. « Comment punir l'infidèle ? » Son orgueil meurtri lui faisait venir une érection presque douloureuse. « Comment a-t-elle pu ? Comment a-t-elle osé ? Qu'a-t-il donc de plus que moi ? » Sa haine pour celui qui insultait sa virilité ne fit que croître. À nouveau, il pensa à tuer. « Tu n'aurais qu'à te mettre en civil et aller te poster à la sortie du cabaret. Dans la nuit, qui saura te reconnaître ? » Mais il renonça à nouveau en calculant que le capitaine Dobychev, Daria Ivanovna et peut-être d'autres encore ne manqueraient pas de tirer des conclusions en lisant le récit de cette exécution dans le journal. Et forcément, même si aucun n'oserait l'accuser nommément, les bruits qui circuleraient ne tarderaient pas à parvenir jusqu'aux plus hautes sphères. Avec toujours la même conséquence : se voir relevé de ses fonctions auprès de Dénikine. Oh, non pas parce qu'il aurait envoyé *ad patres* un youpin – c'était là monnaie courante –, mais parce qu'il était inadmissible que l'épouse d'un officier supérieur de l'armée blanche ait pu se dévergonder de la sorte. Et on ne pardonnerait pas à son mari d'avoir affiché ce manquement aux règles non écrites de la bonne société en se livrant à un geste meurtrier qui confirmerait aux yeux de tous que même un aristocrate russe pouvait avoir été fait cocu par un juif de la plus basse catégorie. Donc, il fallait agir différemment. D'une manière anonyme. Le mieux serait que le serveur soit un mort parmi d'autres. Et soudain, il sut comment s'y prendre.

Regagnant sa chambre, il se déshabilla rapidement. Puis arrachant le drap, il se laissa choir sur Kyra brutalement réveillée et la prit sauvagement sans un mot tel un soudard qui force une fille au cœur de l'incendie et du pillage.

*

Les bajoues du commandant Miliatine, responsable de la sécurité intérieure d'Odessa, tremblotèrent de reconnaissance au-dessus d'un col d'uniforme trop serré : « Comment vous remercier, Nicolas Alexandrovitch ? Je ne sais que trop ce qui se serait dit en haut lieu si vous aviez fait état de ce précieux renseignement directement auprès du généralissime : que mes oreilles sont sourdes... mes yeux aveugles... mon service plus bon à rien... Permettez-moi de vous serrer la main. Si, j'y tiens absolument. » Il avança cinq doigts dodus où brillait une lourde chevalière d'or avec laquelle il avait l'habitude de gifler les prisonniers lors des interrogatoires : « Sans vous, nous aurions continué à tout ignorer de ce repaire de bolchéviques. »

Tout en répondant à la poignée de main molle de son vis-à-vis, Séméniof minimisa son rôle : « Inutile de faire état de cet entretien auprès de nos supérieurs, mon cher. Je serais heureux que vous en tiriez toute la gloire et je n'ai fait que mon devoir de fidèle de l'aigle impérial en venant vous rapporter quelques phrases entendues par hasard en traversant la cour de la caserne… L'homme, que je n'ai malheureusement pu identifier dans l'obscurité, semblait en cheville avec le serveur de ce cabaret de la rue Sophievskaïa, dont, à ses dires, toute la clientèle complote contre nous… Il ne manquerait plus que, le jour où les Rouges attaqueront, les juifs et leurs complices nous prennent à revers. »

Miliatine soupira : « Dommage que nous ne puissions exterminer tous ces vendeurs du Christ… » Il haussa le ton, en frappant le bureau de sa bague armoriée : « Il faudrait les fusiller… les brûler… les crucifier… Arracher une fois pour toutes cette mauvaise herbe de la surface de la Terre ! » Le feu de ses imprécations faisait ballotter comiquement la peau pendante de part et d'autre de sa mâchoire. Profitant de ce qu'il reprenait son souffle, Séméniof s'enquit : « Comment comptez-vous agir ? » Son interlocuteur parut soudain gêné : « Hélas, nous ne pouvons plus faire prompte justice en ville comme vous les militaires en rase campagne… Mon cher, les circonstances ne sont plus les mêmes que lorsque nous pensions remporter la victoire sur les Rouges sans l'aide de personne… Aujourd'hui, la situation est critique et il nous faut ménager la France et l'Angleterre, qui sont nos seuls soutiens. Malheureusement, les juifs sont nombreux dans ces pays. Et quelques-uns, très puissants financièrement et politiquement, se sont émus de certaines de nos pratiques expéditives rapportées par la presse au point de demander des garanties pour leurs coreligionnaires russes, sous peine de peser de toute leur influence afin que soit interrompu le secours matériel apporté à l'armée blanche. »

Parfaitement au fait de cette démarche, Séméniof feignit l'ignorance afin d'amener l'autre à la conclusion désirée : « Donc, vous ne pouvez plus que demeurer l'arme au pied en attendant qu'Israël nous plante un poignard dans le dos ! » Miliatine ricana : « Je n'ai pas dit cela, Nicolas Alexandrovitch. Voyez-vous, ce que le soldat est empêché de faire, le peuple lui peut l'accomplir... N'a-t-il pas tous les droits dans cette démocratie que prônent si fort nos chers alliés ? Qu'il apprenne seulement que les israélites stockent la farine pour l'affamer et l'incendie qui couve prendra... » Il leva des bras involontairement impuissants au ciel : « Le temps que la police et la troupe puissent intervenir pour rétablir l'ordre, Dieu sait combien il faudra déjà compter de victimes... » Il cligna de l'œil : « Mais bien entendu, une fois le calme revenu, nous promettrons de diligenter une enquête destinée à châtier les coupables. »

*

« Je l'ai vu de mes propres yeux, bonnes gens, les charrettes venues de la campagne livrent les sacs de nuit dans les entrepôts du ghetto qui sont vastes comme des palais... Les youpins mangent de la brioche dorée à toutes les heures du jour tandis que le pain de l'orthodoxe coûte sans cesse plus cher... Après le sang du Christ, c'est le nôtre qu'ils sucent, chrétiens ! » Lancée dans les estaminets des bas quartiers d'Odessa par quelques provocateurs à la solde de la Sûreté, la rumeur déborda très vite dans les rues. Colportée et déformée de bouche à oreille, elle enfla jusqu'à raviver le soupçon des nourrissons baptisés volés dans leur berceau par les juifs qui se servaient soi-disant de leur sang juvénile dans la préparation du pain azyme. Des anonymes affirmèrent même connaître une famille dont l'enfant venait de disparaître. Pourtant, peu dans le cortège vociférant étaient encore dupes de cette fable, dont le tribunal tsariste avait été forcé de faire justice en 1905 en reconnaissant l'inanité des accusations de crime rituel lancées à l'encontre d'un juif de Kiev. Mais l'occasion était trop belle pour les uns de piller, et pour les autres de satisfaire une haine séculaire.

La horde hurlante se déversa dans les ruelles, surprenant dans leurs occupations journalières des gens paisibles. Employés, bourgeois, bons à rien, soldats en permission, ouvriers, canailles, mêlés au coude-à-coude et menés par un pope crucifix au poing, galopèrent dans les escaliers, enfoncèrent les portes, mirent les appartements à sac en basculant par les fenêtres les meubles qu'ils ne pouvaient emporter tandis que les agents du commissariat de police tout proche faisaient preuve d'une étrange passivité que ne dérangèrent même pas les feux de joie allumés sur la chaussée.

Les quelques habitants du ghetto qui tentèrent de faire front furent défenestrés. Les autres laissèrent s'envoler leurs maigres biens en priant le Ciel de sauver l'essentiel, leur famille. Pourtant, il y eut des femmes violées sous les yeux des leurs et des vieilles battues comme plâtre tandis que l'on commandait à leurs pères, leurs maris ou leurs frères de lécher la poussière sous peine de se livrer à pire encore.

Dans la synagogue, les pogromistes se disputèrent les rideaux de velours grenat, les couronnes dorées des rouleaux de la Loi, les candélabres d'argent à sept branches, les gobelets précieux et les mains de lecture en ivoire. Cela se régla à l'occasion à coups de couteau.

La taverne de la rue Sophievskaïa ne fut, bien entendu, pas épargnée. Pire, en filant en avant de la foule en furie, quelques individus (en lesquels les gredins eurent vite fait de subodorer des argousins de la Secrète, dont ils se gardèrent bien de signaler la présence de crainte d'en être les premières victimes) y firent irruption avant même que quiconque ait pu prendre conscience de la vague de terreur qui allait passer sur le ghetto. Surgissant révolver au poing, les tueurs de Miliatine abattirent méthodiquement toutes les personnes présentes en commençant par le serveur, qui piqua du nez vers le sol à la suite du plateau de petits verres de vodka que l'effroi lui avait fait lâcher. Leur sinistre besogne accomplie, ils arrosèrent d'essence le mobilier et les murs avant de se disperser après y avoir mis le feu.

*

En lisant dans le journal du lendemain que « la municipalité d'Odessa présentait ses excuses à la communauté juive pour les regrettables incidents qui venaient de l'endeuiller par la faute d'agitateurs bolchéviques habiles à répandre de fausses rumeurs parmi la plèbe », Daria Ivanovna devina instantanément que Séméniof n'était pas étranger à l'incendie du cabaret, qui vit périr au moins une dizaine d'hommes. Aussi, fut-ce avec une joie mauvaise qu'elle regarda sa locataire déplier le quotidien qu'elle avait pris soin de laisser sur la table du petit déjeuner après le départ de Nicolas Alexandrovitch pour l'état-major.

Au fur et à mesure des détails relatés dans l'article, l'angoisse de Kyra grandit jusqu'à devenir insupportable lorsqu'il fut question du sinistre de la rue Sophievskaïa. N'imaginant pas le rôle qu'avaient pu jouer son époux et la logeuse dans ce malheur, elle en accusa la fatalité avant de se rebeller contre elle. Mendel n'avait pu mourir d'une manière aussi cruelle et stupide. Tout simplement parce qu'elle l'aimait. Et pour donner plus de poids à cet argument – oh combien fallacieux ! –, elle y ajouta que Dieu n'aurait jamais permis qu'un pareil talent musical disparaisse avant d'avoir donné toute sa mesure. Forte de ces assurances, elle ravala ses larmes et, habillée en un tournemain et aussi simplement que lors de sa première visite au quartier juif, s'apprêta à sortir.

Brûlant d'une curiosité malsaine, Daria Ivanovna l'arrêta au seuil de l'appartement : « Madame la comtesse aimerait peut-être que je l'accompagne… Les rues ne sont pas sûres. » Une fraction de seconde, Kyra fut saisie d'un soupçon. Malgré le ton humble, elle avait entendu comme une vibration triomphante dans la voix de la logeuse. Mais son impatience à voir confirmer par les faits l'idée qu'elle avait eu raison de ne pas désespérer fut plus forte que l'envie de démêler ce qu'il pouvait y avoir de trouble dans l'attitude d'une créature qui lui avait toujours paru sans importance : « Merci, Daria Ivanovna. Je n'ai besoin de personne. »

Rabrouée de la sorte, la boulotte dut se mordre la langue pour ne pas manger le morceau en lançant tout à trac : « Eh bien, je suis l'unique cause de ton malheur, ma chère. Aurais-tu eu un peu de considération pour moi que tu ne pleurerais pas la perte de ton amant aujourd'hui. » Incapable de se contenir tout à fait, malgré qu'elle craignît plus que tout de ne pas servir le dîner, dont elle espérait une scène de ménage mémorable qui la paierait de toutes ses frustrations, elle murmura comme un roquet qui jappe contre plus fort que lui : « Comme madame la comtesse voudra... Puisque madame la comtesse préfère être seule... Madame la comtesse a certainement ses raisons. »

*

Le ghetto enterrait ses morts. Derrière le corbillard tiré par deux chevaux emportant vers le cimetière les onze cercueils de bois blanc contenant les restes des victimes de l'incendie de la rue Sophievskaïa, employés, commerçants, avocats, médecins, mendiants, étudiants de la *yeshiva*, ouvriers, ménagères, prostituées, voleurs et enfants marchaient du même pas lent. Le brassage social n'était guère différent de celui qui s'était engouffré dans les ruelles la veille. Mais au lieu de faire entendre des vociférations et des injures, la progression de cette foule-là était empreinte d'une telle dignité silencieuse que même le représentant de la mairie d'Odessa, quoiqu'antisémite convaincu, en était impressionné au point de regretter les excès commis.

En regardant passer le funèbre cortège, Kyra plongea dans les abîmes du désespoir. Comment avait-elle pu être assez folle pour croire un miracle possible ? Maintenant, elle se résignait à admettre que celui qu'elle aimait n'était plus qu'un cadavre calciné entre quatre planches. Plus jamais elle ne pourrait s'unir à lui charnellement. Ni l'écouter sortir du violon ces sons d'une pureté admirable qui vous enchantaient l'âme. Comment supporter cet abandon sans fin, cet éternel abandon ? Et, en cet instant, elle aurait voulu mourir elle aussi, là, sur place. Elle détailla ceux qui défilaient. « Savent-ils seulement de quel artiste exceptionnel le monde vient d'être privé par la barbarie de quelques-uns ? Mais pourquoi est-ce Mendel et ceux qui l'entouraient qui ont péri et pas celui-là ou cet autre ? » Soudain, la révélation se fit en elle. Le souvenir des inflexions victorieuses dans la voix de Daria Ivanovna lui revint. Et à sa douleur s'ajouta alors le sentiment de sa propre culpabilité. « C'est moi qui ai amené les assassins jusqu'à lui. »

Maintenant qu'elle en avait pris conscience, il lui revenait des regards échangés en douce entre la logeuse et Nicolas Alexandrovitch, et également de vagues allusions de ce dernier à des désordres possibles en ville. À présent, elle s'en voulait amèrement de ne pas avoir percé plus tôt une manœuvre qu'elle devinait perfide. S'estimant alors de trop au sein de cette désolation juive, dont elle se jugeait en partie responsable et donc indigne, elle allait repartir vers la rue Tolstoï, le cœur noyé par le chagrin lorsqu'une voix qui ne lui était pas inconnue lança dans son dos : « Notre princesse est donc venue aux nouvelles... »

Se retournant, elle se trouva devant Itzak Blum, qui avait échangé son canotier printanier pour la kippa, plus adaptée à un enterrement : « Serait-elle inquiète pour le racleur de violon ? » Dans un sanglot enfin libéré, Kyra désigna le corbillard qui gravissait la rue pentue en direction du cimetière : « Il est là par ma faute... » L'obligeant voleur cligna de l'œil : « Dieu n'a-t-il pas conseillé à Abraham de lui sacrifier un agneau plutôt que son fils Isaac ? Dans sa grande sagesse, peut-être a-t-il aussi décidé d'épargner notre blanc-bec. » Saisie d'un espoir déraisonnable, Kyra le pressa : « Je vous en supplie... » De la main, elle désigna la voiture des pompes funèbres qui disparaissait, suivie du cortège piétinant : « Jamais je ne me pardonnerai ce qui est arrivé... Mais lui, est-il vivant ? » Itzac compatit à sa détresse : « C'est le destin qui apporte le malheur. Même si nous en sommes parfois les instruments. Mais... » À nouveau pince-sans-rire, il ajouta : « ... croyez-en la parole d'un brigand. L'innocent s'avoue souvent coupable alors que le coupable se proclame le plus souvent innocent. Quant au musicien... Venez. »

*

Les victimes du pogrom avaient été rassemblées dans l'une des salles communes de l'hôpital du quartier juif. Après s'être renseigné auprès d'une infirmière, Itzak précéda la jeune femme entre la double rangée de lits blancs. Des regards fiévreux, dans lesquels se lisait encore la peur, les suivirent jusqu'à l'une des couches étroites où seule une tête emmaillotée d'une bande Velpeau dépassait du drap.

D'une pâleur de cire, Mendel gisait inerte, les paupières closes. Kyra lui prit une main, qui demeura sans aucune réaction. Effrayée, elle allait replonger dans le plus profond désespoir lorsqu'un éclopé s'approcha en sautillant sur une jambe, le pied et la cheville emprisonnés dans une gangue de plâtre. Voyant le profond désarroi de la visiteuse, l'homme, un quinquagénaire avec une barbe pointue et un pince-nez en équilibre sur son appendice nasal busqué, s'empressa de la rassurer : « Le médecin a juste diagnostiqué une commotion. Étant donné le coup de gourdin qu'il a reçu sur la nuque, c'est bien ce qui pouvait lui arriver de moins grave. »

Avide d'en savoir plus long sur ce qu'elle tenait déjà pour une survie stupéfiante, la comtesse Séméniovna l'interrogea : « Où cela s'est-il passé ? » L'estropié s'assit au pied du lit sans cérémonie. On aurait dit que cela le soulageait de parler : « Chez mon frère Bénia qui mariait sa fille. Nous étions à la fin du repas... Celui-là a posé son archet sur les cordes. Un violon du diable, madame... Même après avoir mangé et biberonné tout son soûl, y en avait pas un qui ne se sentait pas des fourmis dans les jambes. Puis voilà qu'ils ont surgi dans la cour, armés de bâtons et de barres de fer... Toute une bande hurlant des injures... Et que je frappe les hommes... et que je renverse les tables... et que je bouscule les femmes... et que je terrorise les enfants... Moi, je me suis retrouvé par terre au milieu de la vaisselle cassée... »

La comtesse Séméniovna n'écoutait plus le défoulement interminable. Tout s'éclairait soudain. Les assassins ignoraient que Mendel se faisait remplacer dans son emploi du cabaret de la rue Sophievskaïa chaque fois qu'il était appelé à faire danser une noce juive. Fort heureusement, elle n'avait jamais fait allusion rue Tolstoï au talent musical de son compagnon d'équipée chez les Rouges. Ce qui avait sans doute sauvé la vie de ce dernier, tout en causant la perte du malheureux occupé à faire le service à sa place. « La mariée… ils l'ont violée… là, sous les yeux de celui qui l'avait respectée jusqu'à la bénédiction nuptiale… »

La voix atone débitait toujours son chapelet d'horreurs vécues. S'étant rapproché après avoir conversé à voix basse avec un médecin, Itzak hochait la tête avec compassion. Kyra, elle, réfléchissait à toute vitesse en fixant le masque inerte de son amant d'un jour. Avant peu, Séméniof découvrirait que le jeune homme dont il voulait se débarrasser avait échappé au sort qui lui était réservé. Pour cela, il lui suffirait de lire le rapport de police. Ce qu'il ne manquerait sûrement pas de faire, prenant ainsi connaissance de l'identité des victimes de l'incendie ainsi que de leur adresse habituelle. Et comme Mendel était le seul à loger dans la taverne… Corroborant ce sombre calcul, Itzak se pencha à son oreille tandis que l'éclopé poursuivait sa tragique litanie : « Le docteur m'a affirmé qu'il avait vu des traces de balles sur l'un des corps calcinés. Mais le commissaire a ordonné de fermer les cercueils avant qu'il ait pu poursuivre ses constatations. »

À nouveau, le sentiment d'impuissance envahit Kyra. « Mon Dieu, comment le sauver ? » Puis sentant peser sur elle le regard prévenant de son guide par deux fois à travers le quartier juif, un élan la poussa à lui faire entière confiance. Même s'il s'agissait d'un voleur. Arrachant le diamant de son doigt (ce solitaire sur la vente duquel elle comptait jusqu'à cet instant afin de quitter la Russie), elle le lui tendit en désignant la tête enturbannée immobile sur le traversin : « Il se nomme Mendel Flüssvogel et il est en danger de mort... Il sera un jour un très grand violoniste et je l'aime... Je vous en prie, négociez ce bijou et trouvez un moyen de lui faire gagner l'étranger. » Prenant la bague, Itzak fit scintiller la pierre dans la lumière avec un détachement d'expert : « Belle eau... aucun crapaud... environ quatre carats... taille anversoise, la plus parfaite... » Il considéra derechef la jeune femme avec un sourire indéfinissable : « Supposez que je me l'approprie... » Les yeux verts le brûlèrent : « Je ne crois pas que vous le ferez. » À ce moment, il aurait aimé donner sa vie pour que ce soit pour lui qu'elle se sacrifie ainsi. « Ce blanc-bec ne sait pas la chance qu'il a. La mérite-t-il seulement ? » Voulant alors couper court à l'émotion qui l'étreignait soudain à l'idée qu'elle puisse s'en remettre à lui, un brigand, un gangster, pour sauver l'être qui lui était le plus cher, il choisit de s'en sortir par une pirouette : « Par votre faute… ça en sera fait de la réputation du plus grand voleur du ghetto d'Odessa ! »

*

Ayant appris par Daria Ivanovna que « madame la comtesse » était sortie en catastrophe dans la matinée, Nicolas Alexandrovitch ne douta pas un instant que celle-ci ne se soit rendue au ghetto après avoir lu dans le journal ce qui s'était passé la veille. N'ayant pas encore eu en main la copie du rapport de police que Miliatine avait promis de lui faire parvenir (exemplaire qu'il avait réclamé sous prétexte de l'utiliser afin de faire mousser les compétences du chef de la Sûreté d'Odessa en haut lieu), il tenait donc pour acquise la mort du juif qui lui portait ombrage.

Aussi fut-ce avec une avidité cruelle qu'il dévisagea son épouse au dîner en espérant lire sur ses traits du chagrin et de la souffrance. Attente qui ne fut pas récompensée. Tout au long du repas, Kyra fit preuve d'une sérénité bluffante. Certain pourtant de lui avoir porté un coup terrible, Séméniof n'en conçut que plus d'admiration et de désir pour elle en mettant au compte d'une force d'âme peu commune cette égalité d'humeur apparente. Ne voulant pas se montrer moins à la hauteur, il fit donc également bonne figure.

En attente d'une scène de ménage qu'elle avait espéré voir tourner au drame, la logeuse dut se satisfaire en apportant les plats d'écouter les banalités qui sont le tronc commun des couples sans histoire. Tout en bouillant intérieurement, car si un homme s'aveugle sur des détails qui devraient lui mettre la puce à l'oreille, une femme acharnée à la perte d'une autre manque rarement de remarquer au premier coup d'œil ce qui cloche chez celle qu'elle poursuit de sa haine. Et dès le potage, Daria Ivanovna avait repéré l'absence du diamant au doigt de la comtesse Séméniovna. Aussi, après être allée faire un tour dans la chambre à coucher sous prétexte d'y faire la couverture et avoir constaté que la bague ne se trouvait pas non plus sur la coiffeuse, elle revint les servir en lançant des regards appuyés en direction de la main nue de la comtesse afin d'attirer l'attention de Nicolas Alexandrovitch sur la disparition d'un solitaire qui y avait scintillé jusque-là.

Le résultat en fut que si Séméniof demeura imperméable à ce manège, Kyra, elle, en déchiffra aussitôt le sens. Aussi, profitant de ce que son époux se levait de table pour passer fumer son havane au salon, elle demeura en arrière. Se voyant restée seule face à une jeune femme visiblement résolue, Daria Ivanovna, tout en tenant le compotier de marmelade, tenta de filer vers la cuisine. Saisissant alors le grand couteau à découper les viandes sur la desserte, celle qu'elle aurait aimé voir être traitée de la pire manière lui barra le chemin : « Devant Dieu qui nous voit et quoi qu'il doive m'en coûter par la suite, Daria Ivanovna, je vous jure de vous le plonger dans la gorge si vous dites encore un mot à mon mari de ce qui n'est pas votre affaire. » Terrorisée par un geste grand-guignolesque qui aurait pu la faire rire si la détermination qu'elle lisait sur le visage de l'adversaire ne lui avait fait comprendre que cette dernière n'hésiterait pas à passer à l'acte, la boulotte lâcha la coupe de cristal qui se brisa en tombant tandis que la compote giclait sur le parquet ciré.

De la pièce voisine, Séméniof interrogea : « Que se passe-t-il ? » Reposant la lame tranchante sans cesser de darder un œil implacable sur la logeuse interdite, Kyra rit, moqueuse : « Rien... rien, mon cher... Juste notre Daria Ivanovna qui vient de répandre par maladresse cette gelée d'oranges dont vous vous régalez. » En plein désarroi, la logeuse se baissa pour tenter de réparer le désastre. Faisant quelques pas en direction du salon, la comtesse Séméniovna se retourna au seuil : « C'est bien compris, n'est-ce pas ? » À nouveau, la voix de Nicolas Alexandrovitch s'étonna : « Qu'est-ce qui est compris ? » Toujours fusillant son interlocutrice du regard, Kyra dit aimablement : « Rien qui vous concerne, mon ami. Je commandais juste à notre chère Daria Ivanovna d'aller consulter un médecin si ses mains recommencent à trembler. »

Ce culot acheva la dénonciatrice au point de lui faire balbutier : « Aux ordres de madame la comtesse. » Mais une fois cette dernière sortie de la pièce et tout en ramassant les éclats de cristal éparpillés, la boulotte hors d'elle lança vers la porte : « Sauvage ! Sauvage ! » Puis saisie d'une rage impuissante parce qu'elle savait que la crainte du châtiment est le commencement de la sagesse, elle épancha le trop-plein de sa colère dans un cri juste murmuré : « Enjuivée ! »

*

Dans les jours qui suivirent, voulant se montrer aussi résolument impassible que son épouse, Séméniof se garda d'évoquer le pogrom et les allées et venues de Kyra au ghetto. De surcroît, en lui donnant l'impression que plus aucun nuage ne venait troubler leur union et en ne parlant plus d'un départ à l'étranger, elle réussit même à insinuer le doute dans son esprit quant aux dires de Daria Ivanovna. Qui d'ailleurs, à nouveau interrogée, se montra beaucoup moins affirmative que la première fois à propos du degré d'intimité qu'elle avait pu observer entre la comtesse et le serveur du cabaret de la rue Sophievskaïa : « J'étais assez loin. Et avec l'âge, ma vue a baissé... Aussi ai-je pu faire erreur. Veuillez me pardonner Excellence. » Impossible de lui tirer autre chose. Nicolas Alexandrovitch l'avait envoyée à tous les diables.

Comme avec la fatuité des séducteurs impénitents, ce dernier n'avait que trop tendance à estimer qu'une femme qui avait joui une fois entre ses bras ne risquait plus de lui en préférer un autre, il se convainquit de ne pas faire un drame d'une romance sentimentale, dont le souvenir avait dû s'effacer dès que la revenante s'était retrouvée au contact de sa mâle vigueur et de son charme aristocratique. Seul un reste de solidarité envers un compagnon des mauvais jours l'avait sans doute poussée à rencontrer ce dernier en cachette de son mari. Et le fait de le dissimuler était bien la preuve qu'elle craignait par-dessus tout de déplaire à un époux qui l'avait conquise. Aussi pouvait-il excuser cette dernière velléité d'indépendance maintenant que le juif était mort.

Quoiqu'elle en mourût d'envie, Kyra ne fit rien, elle, pour avoir des nouvelles d'Itzak Blum et donc de Mendel. Parfois, dans la solitude de l'appartement de la rue Tolstoï, la tristesse la submergeait et les questions se bousculaient dans son esprit. Est-ce que le voleur avait pu lui faire quitter Odessa ? Pourquoi fallait-il que l'un sombre pour que l'autre survive ? « Ai-je encore une raison de vivre ? Me laissera-t-on seulement vivre ? »

Comment ne pas désespérer alors qu'en sauvant le violoniste, elle l'avait perdu à jamais et que, n'ayant plus de bijou à vendre pour payer son passage, elle se retrouvait prisonnière d'un rivage qui, étant donné les dernières nouvelles du front, ne tarderait plus longtemps à devenir définitivement inhospitalier pour ceux de sa classe sociale ? Cela se sentait déjà à l'attitude de certains des habitants d'Odessa qui n'hésitaient plus à conserver le haut du trottoir face aux officiers ou à apostropher les personnes trop bien mises en leur prédisant un avenir difficile. Même Daria Ivanovna avait maugréé un matin « que certains ne perdraient rien à attendre parce que le jour du Jugement dernier n'était plus très loin ».

Ce changement d'atmosphère inquiétant servit au moins d'alibi à la jeune femme lorsque, au cours d'un dîner en tête à tête, Nicolas Alexandrovitch s'avisa soudain de faire remarquer qu'il ne voyait plus scintiller le diamant à son doigt. En réponse, Kyra baissa la voix comme si elle craignait d'être entendue : « L'autre jour, la baronne Donskoï s'est fait arracher sa broche en rubis en pleine rue. Cela me rappelle les jours qui ont précédé l'entrée des Rouges dans Kiev... Alors, j'ai recousu ma bague dans l'ourlet d'un manteau. »

Séméniof se satisfit de cette explication. La comtesse n'était pas la seule à agir de la sorte. Chacun attendait avec angoisse la prochaine offensive des bolchéviques en ne comptant plus guère que sur les contingents franco-anglais pour défendre la ville, tant les désertions étaient nombreuses chez les Blancs. Les beaux quartiers se vidaient peu à peu. Les paquebots se relayaient dans la rade emportant les plus fortunés vers l'Occident, tandis que ceux qui n'avaient pas d'autre choix que de rester imploraient les icônes de sauver la Sainte Russie. De jour et de nuit, on entendait monter les beaux chants liturgiques emplis de résignation en passant devant les églises. Même Nicolas Alexandrovitch savait qu'il ne tarderait plus à jouer sa dernière scène sur le théâtre de la guerre civile.

*

Sur ces entrefaites, la copie du rapport de police promise par le commandant Miliatine parvint entre ses mains après un de ces longs périples administratifs qui avaient perduré au sein des bureaux alors même que les autres rouages de l'Empire tsariste avaient cessé de fonctionner.

La lecture de la liste des victimes de l'incendie de la rue Sophievskaïa lui fit l'effet d'un fer rouge. Toutes étaient des hommes d'un certain âge. Une colère impuissante lui brouilla la vue. Celui qu'il aurait voulu voir mort le narguait encore sur cette terre. Était-il donc indestructible ? Ou protégé par quelque charme judaïque ? D'un geste convulsif, il saisit son révolver de service et fit monter une balle dans le canon, comme si la porte pouvait soudain s'ouvrir sur celui qui le défiait ainsi. Puis, en désespoir de cause, son courroux se braqua sur Kyra. Elle au moins, il pouvait encore l'atteindre. Lui faire payer son humiliation. Remettant l'arme à sa ceinture en laissant le projectile engagé, il sortit dans le couloir, décidé à retourner sur le champ à l'appartement de la rue Tolstoï afin de punir l'infidèle, dont il ne doutait plus qu'elle lui ait joué la comédie pour sauver son amant. Mais à peine allait-il descendre le grand escalier de l'ancienne chancellerie, qu'un planton courut après lui : « Mon colonel... Le général en chef vous prie de le rejoindre de toute urgence au salon d'honneur. »

Il devait se passer quelque chose d'extrêmement grave, car, courant en tous sens, les ordonnances battaient le rappel de tous les officiers de l'état-major. Le martèlement des bottes dévalant les marches de marbre suivit instantanément cette mise en état d'alerte. Rattrapé par le flot des épaulettes dorées, Séméniof fut entraîné dans la vaste pièce aux lambris de bois sombre éclairée par de hautes fenêtres surmontées de l'aigle des Romanov.

*

Petit et ventru sous son képi étoilé, le général Anselme, représentant du corps expéditionnaire allié en mer Noire, se tenait au côté du commandant en chef de l'armée blanche, qui le dominait d'une bonne tête. À l'entrée des officiers russes, qui firent craquer les lames du parquet ciré, la douzaine de militaires à galons français et anglais accompagnant leur supérieur baissèrent les yeux comme s'ils étaient pris en faute. D'une voix chargée de mépris, Dénikine s'adressa à son état-major : « Messieurs... Nos amis français et anglais sont venus nous faire leurs adieux. »

Anselme battit des mains en l'air telle une vierge effarouchée par une histoire trop grivoise : « Permettez,

Excellence... » Le Russe le domina du ton et du buste : « À l'heure qu'il est, leurs contingents respectifs quittent leurs positions dans nos lignes pour commencer un repli en direction de la Bessarabie et de la Bulgarie... Retraite négociée avec les bolchéviques sans que nous en ayons été avertis... » Mordant, il se tourna vers son interlocuteur manifestement dans ses petits souliers : « J'élève une protestation solennelle contre ce manquement à toutes les règles de l'honneur militaire et vous prie, général, de bien vouloir rappeler à votre gouvernement et à celui de Sa Majesté britannique que nous fûmes prodigues du sang russe pendant le conflit mondial afin de soulager leurs troupes... » Il tonna : « Si nous n'avions pas retenu les divisions allemandes en Prusse-Orientale, en Volhynie et en Galicie, le *Kaiser* serait entré à Paris. »

C'était là un fait patent qu'avaient vécu tous les étrangers présents dans cette pièce. Sans les offensives à répétition si coûteuses en hommes commandées par les généraux tsaristes, le front occidental aurait sûrement crevé sous la poussée des forces de Guillaume II avant que les Américains ne viennent relayer une armée russe qui avait fini par mettre fin, en 1917, à cette sanglante boucherie en retournant ses fusils contre les officiers qui lui commandaient de repartir à l'attaque. Nombre de ces derniers avaient ainsi péri de la main de leurs propres soldats. Aussi, chacun des gradés français ou anglais présents dans le grand salon était bien conscient au cours de cette scène dramatique qu'il devait en partie la chance d'être encore de ce monde aux frères et aux amis sacrifiés de ces Russes blancs qui allaient se retrouver abandonnés face aux Rouges cent fois plus nombreux.

Anselme balbutia : « Ce sont mes ordres, Excellence. Je dois les exécuter sans discuter. » Claquant alors les talons dans un impeccable garde-à-vous digne d'une revue devant le Palais d'Hiver à Saint-Pétersbourg, Dénikine, imité par son état-major au complet, salua militairement en portant les doigts à la visière de sa casquette blanche : « Je ne vous retiens plus, général. » Blême, le Français lui rendit son salut avant d'amorcer le geste de tendre la main. Mais voyant que l'autre demeurait dans une immobilité de statue, il y renonça dans un silence de mort et quitta la pièce, suivi des siens, tête basse. La porte refermée sur eux, le commandant en chef relâcha la position : « Messieurs... La Russie va maintenant achever de gravir son Golgotha... » Il balaya les épaulettes dorées du regard : « Le devoir commande à chacun d'entre vous de prendre part à l'ultime combat... » Il fit le signe de croix orthodoxe : « Je prierai pour le salut de vos âmes. »

*

Une fois revenus dans l'entrée de la Chancellerie, certains partaient sans se retourner, le dos rond. Il n'était pas difficile d'imaginer qu'on les retrouverait très vite en civil sur les quais d'embarquement. Honteux quand même d'être pris pour des lâches, d'autres s'attardaient en vains conciliabules, qui avaient uniquement pour objectif (en faisant grief au commandant en chef de toutes les erreurs tactiques commises depuis deux années) de se donner une excuse pour abandonner leurs épaulettes dorées. Seuls quelques-uns se déclaraient encore prêts à mourir « pour Dieu, la Patrie et le Tsar ». Sans que l'on puisse savoir s'ils étaient vraiment sincères.

Encore sous le coup des chocs successifs de la matinée, Séméniof déboutonna le col de son uniforme comme s'il manquait d'air. L'un de ses collègues l'apostropha : « L'as-tu entendu, le vieux ? Il singea Dénikine. Messieurs les officiers, la Russie met son dernier espoir en vous... Soyez dignes de ce choix en mourant et économisez les munitions, il ricana, jusqu'à la dernière cartouche. D'accord, à condition qu'il nous tienne compagnie jusqu'en enfer. » Agacé quoiqu'il pensât la même chose, Nicolas Alexandrovitch allait lui tourner le dos lorsque le chef d'état-major apparut en haut du grand escalier : « Un peu d'attention, s'il vous plaît. » Il se fit un silence relatif. « Il me faut un volontaire qui parte sur le champ réorganiser notre ligne de défense sur le Boug... » Soudain, on aurait entendu une mouche voler. Pas un ne bougea. Sauf Séméniof, qui s'avança jusqu'aux marches de marbre : « Je suis à vos ordres... » Tous les regards braqués sur lui disaient éloquemment qu'ils le prenaient pour un fou, mais Nicolas Alexandrovitch n'en avait cure. Peu lui importait même ce qu'il adviendrait dorénavant de Kyra. Il avait bien autre chose à faire.

*

Ce même officier d'état-major, qui avait bougonné si fort quarante-huit heures plus tôt contre le chef suprême de l'armée blanche, se tenait maintenant devant Kyra dans le salon de l'appartement de la rue Tolstoï en affichant au-dessus de son uniforme impeccable et de ses bottes brillantes comme un miroir une mine désolée de circonstances : « Comtesse... le général Dénikine vous prie d'accepter ses regrets les plus sincères... Le colonel Séméniof a été porté disparu au cours d'une mission périlleuse dans les premières lignes. Il semble qu'il ait été intercepté par des partisans bolchéviques. L'un de nos postes d'avant-garde a entendu un échange de coups de feu. Mais le temps que l'on arrive sur le terrain, les Rouges avaient décampé et il ne restait plus que les cadavres des deux Cosaques qui servaient d'escorte à Nicolas Alexandrovitch... » Il eut un geste fataliste de sa main qui tenait une paire de gants beurre-frais : « Et quand on sait le sort qu'ils réservent aux prisonniers... »

Étrange époux qui, par deux fois, était entré dans sa vie pour en ressortir aussi vite. Consciente en effet que Séméniof n'avait à attendre aucun quartier de l'ennemi (Dieu sait même quels atroces supplices il avait dû supporter avant de rendre le dernier soupir de la part d'un adversaire qui n'hésitait pas à émasculer, à enterrer vivant ou à crucifier ceux qui tombaient entre ses mains), Kyra était partagée entre l'horreur d'une mort qu'elle jugeait inutile et le sentiment de libération qu'elle lui apportait. Se méprenant en la croyant anéantie par le chagrin, le porteur de la mauvaise nouvelle crut bon de la commenter en soulignant la responsabilité du disparu : « Si j'avais pu deviner que Nicolas Alexandrovitch allait commettre une pareille folie... Volontaire comme un sous-lieutenant qui court après la gloire... À quoi bon se faire tuer bêtement quand tout est perdu... surtout lorsqu'on a le bonheur d'avoir une épouse aussi belle que vous, comtesse... » Et soudain, il osa plus. Peut-être parce que la mort violente en se rapprochant d'Odessa décuplait en chacun le besoin impérieux de se sentir encore vivant en activant la fonction la plus essentielle de l'humanité : le sexe. Prenant la main de Kyra, il la porta à ses lèvres pour en effleurer le bout des doigts de sa moustache. « Je vous prie de le croire... respectueusement... nous sommes là aujourd'hui. Où serons-nous demain ? » Les mots sans suite se bousculaient au fur et à mesure qu'il s'enhardissait : « Ce malheur qui vous frappe, ne puis-je le soulager ? »

Voilà qu'il convoitait frénétiquement cette femme qui lui aurait été interdite si Séméniof avait été encore là. L'envie de la posséder écumait en lui comme un tourbillon furieux. Sa bouche avide remonta jusqu'au fin poignet. L'excitation du mâle faisait craquer le vernis du gentilhomme. Il n'était plus gouverné que par un instinct primaire, qui le faisait tenter de la saisir par les épaules afin de la faire ployer. Il écrasa sa bouche sur des lèvres qui demeurèrent inertes au point de le désespérer tout en stimulant sa soif de conquête. Comment obliger ces formes voluptueuses qu'il palpait à travers la soie à s'accorder à son désir ? Se souvenant alors des ragots qui couraient dans les salons à propos de celle qu'il tenait dans ses bras et d'un juif, il s'exaspéra, dévoré brutalement par la même jalousie que Nicolas Alexandrovitch, comme si le mort (car il ne doutait pas qu'il le fût) dont il brûlait de prendre la place au lit lui avait passé le relai : « Peut-être préférez-vous les circoncis... »

Frappant des deux poings contre la poitrine de l'homme, Kyra réussit à lui faire lâcher prise : « En tout cas, Fédor Grégorovitch, je suis convaincue qu'ils ne se conduiraient pas, eux, comme des traîneurs de sabre pressés de se partager les dépouilles d'un compagnon d'armes... » Sa voix se fit encore plus mordante : « Voulez-vous également les chaussettes et les caleçons de Nicolas Alexandrovitch maintenant qu'il n'en a plus besoin ? » Cinglé par ce ton méprisant pire que si elle l'avait cravaché, l'officier recula en cherchant à retrouver un peu de sa dignité : « Veuillez m'excuser, madame. Ce sont ces temps terribles qui sentent la poudre et la décomposition qui nous font commettre des actes irréfléchis. » Elle le prit en pitié : « Je ne vous en veux pas... Vous pensez mal comme tous ceux d'un monde qui sombrent dans le néant... Mais peut-être est-ce la volonté de Dieu que nous autres, les aristocrates russes, devenions également des juifs errants sur la surface de la Terre pour nous punir des maux que nous avons infligés à son peuple élu. » Il se signa : « Faites attention, comtesse, je vous en supplie. D'autres oreilles que les miennes pourraient prendre cela pour une profession de foi bolchévique. »

Maintenant que son égarement était passé, il ne ressentait plus pour cette belle et fière jeune femme qu'une profonde tendresse empreinte de nostalgie de ne pouvoir s'en faire aimer. En fait, il aurait rêvé de la protéger et renonçait à le lui proposer en réalisant qu'elle était plus forte que lui. Qu'en sortant de cet appartement, il allait courir se mettre en civil avant de monter à bord d'un paquebot qui l'emmènerait loin de la terre natale. Kyra dut lire dans ses yeux qu'il se préparait à accomplir sa prédiction : « Mes vœux vous accompagnent, Fédor Grégorovitch. » La gorge nouée par des sanglots, il s'enfuit comme un voleur pour ne pas fondre en larmes devant elle.

*

Des coups de feu claquaient en plein jour. Les passants se mettaient alors à courir en tous sens tels des bourdons affolés qui se heurtent à la vitre. Puis une charrette emportait vers la fosse commune un mort anonyme victime de quelque secret règlement de comptes et la rue reprenait une apparence de vie normale. Mais il suffisait d'un bruit inaccoutumé pour que la panique reprenne aussitôt de plus belle.

Si le fatalisme slave du « qui vivra, verra » habitait le plus grand nombre, d'autres, qui avaient léché les bottes des Blancs, n'en étaient que plus appliqués à noter tout ce qui pourrait leur être utile quand viendrait le moment de retourner sa veste. Daria Ivanovna faisait partie du lot. Ayant remplacé la robe de soie et le rang de perles fines, jugés trop bourgeois, par la blouse ménagère et le fichu noué à l'indienne sur les cheveux, plus conformes à l'image qu'elle se faisait d'une prolétaire exploitée par la classe dominante, la logeuse consignait soigneusement sur un petit carnet toutes les allées et venues dans l'immeuble, comme si elle comptait bien en rendre compte dans un avenir proche à qui de droit. Et quoiqu'elle acceptât sans rechigner le montant du loyer de la main d'une aristocrate, elle attendait son heure, bien décidée à prendre sa revanche sur celle qui lui avait causé une si belle frousse en la menaçant d'un couteau. Tout en en ayant conscience, Kyra s'en fichait, s'en remettant au destin quant à ce qu'il adviendrait.

Elle était prise au piège dans Odessa. Nicolas Alexandrovitch Séméniof n'avait laissé aucun objet de valeur qu'elle puisse négocier pour payer son passage sur l'un des bateaux qui faisaient de fructueux aller-retour avec la Turquie : le prix en était maintenant astronomique. Pire, sous peu, elle n'aurait plus un rouble. Elle n'avait aucune aide à espérer. Les beaux parleurs des salons s'étaient depuis plusieurs semaines envolés vers des cieux plus cléments. Les quelques-uns qui restaient encore à s'acharner à vendre leurs immeubles aux spéculateurs que génèrent toujours les époques incertaines feignaient de ne pas la reconnaître dans la rue, comme si ses malheurs passés et présents l'avaient marquée du sceau de l'infamie. Quant aux subsides qui auraient pu parvenir de l'état-major blanc, l'officier trésorier-payeur, qui aurait dû les distribuer, était bien trop occupé à s'en remplir les poches en vue de sa future reconversion à l'étranger pour se préoccuper du sort des ayants droit.

Pour ce qu'il était de Mendel, quelques visites au ghetto ne lui avaient rien appris. Nul n'avait plus entendu parler du violoniste. Les victimes du pogrom avaient quitté l'hôpital. Itzak Blum le voleur semblait également s'être évaporé dans l'atmosphère. Elle ne s'en acharnait pas moins à retrouver sa trace dans les ruelles du quartier juif dans l'espoir d'obtenir l'assurance que son sacrifice n'avait pas été vain. Ce jour-là aussi avait été un fiasco.

De guerre lasse, Kyra retourna s'asseoir sur le banc de pierre dans l'ombre du figuier de la petite place qui avait enveloppé ses tendres retrouvailles avec Mendel après qu'elle ait été le chercher dans la taverne de la rue Sophievskaïa. Plus dorée, la lumière faisait pleuvoir des pépites dans les rouleaux de mer qui montaient à l'assaut des rochers. Les plages de sable blanc, abandonnées par les baigneurs, lui firent penser au rivage d'une île déserte. À ses pieds, Odessa bruissait en surplomb du port militaire vide maintenant que les cuirassés et les torpilleurs battant pavillon tricolore avaient remis le cap sur la France. Dans la rade marchande, des cargos embarquaient une foule grouillante pour laquelle la sauvegarde comptait plus que le confort. La fumée d'un steamer se rapprochait du môle. Elle alluma un cigarillo. Le seul plaisir de la vie qui lui restait et qu'elle s'offrait, même aux dépens de la nourriture la plus essentielle.

La chaude âcreté du tabac noir dans sa gorge et ses poumons l'aida à supporter pendant un bref moment le poids de son extrême solitude. Fermant les yeux, elle tenta de retrouver la merveilleuse sensation que lui avait offerte la musique à chaque fois que Mendel posait son archet sur les cordes. Peut-être d'ailleurs s'y ajoutait-il le désir de se souvenir (mais cela, elle ne se l'avouait pas) de la violence des sensations que lui avaient procurée les mains du virtuose caressant ses épaules, ses seins et son ventre. Hélas, le son du violon demeura insaisissable. Elle n'entendait que les bruits de la ville. Soudain, l'idée que peu à peu ces moments de bonheur fou se dissoudraient dans sa mémoire jusqu'à l'oubli total lui fit si mal qu'elle jeta à nouveau un regard sur tout ce qui l'entourait, comme un naufragé qui cherche des yeux une épave à quoi se raccrocher dans la mer démontée. Mais nul ne lui accorda la moindre attention. Alors se sentant de trop et l'âme vide d'espoir, elle redescendit lentement la pente pour s'en retourner à l'appartement de la rue Tolstoï où au moins, même si c'était dans le but avoué de lui vouloir du mal, quelqu'un s'intéressait à sa personne.

Ponctuée par la canonnade, une fusillade ininterrompue se déclencha à l'instant où elle arrivait devant l'opéra. Tournant le dos aux tirs, une file de camions bourrés de Cosaques jusqu'aux marchepieds passa à toute allure, filant vers le port, tandis que, de bouche en bouche, une clameur enflait démesurément, répétée par quantité de poitrines, dont il était impossible de déterminer si elles étaient saisies de panique ou d'impatience : « Les Rouges ont percé ! Les Rouges arrivent ! »

Se rapprochant, des obus tombèrent du côté de la gare soulevant des gerbes de pierres dans un nuage de fumée. Des shrapnels allumaient des incendies. Les langues de feu sautèrent acrobatiquement d'un toit à l'autre. Valises aux bras, les gens commencèrent à décamper des immeubles bourgeois tels des rats chassés par une inondation. Une voix anonyme cria inutilement : « Aux aaaarmes ! » Mais rien ne pouvait plus stopper la course de ce flot humain qui grossissait à vue d'œil en entraînant nombre d'enfants en pleurs. Tous couraient vers le port avec l'illusion d'y trouver un embarquement de la dernière chance.

Bousculée sans cesse, Kyra demeurait indécise sur la conduite à tenir. Bien entendu, elle ne se faisait aucune illusion sur le sort qui l'attendait dès que le pouvoir bolchévique serait en place. Mais par ailleurs, il était évident que jamais une foule pareille ne pourrait être évacuée par les quelques cargos encore à quai. Elle leva les yeux vers les bustes de Thalie, d'Euterpe et de Terpsichore qui, nichés à l'abri dans leurs œils-de-bœuf, contemplaient de leurs orbites vides l'exode d'une partie de la population d'Odessa. Mais tel un signe céleste destiné à prévenir que nul n'était plus en sécurité, un obus vint fracasser la tête de la muse de la comédie au centre de son oculus. En voyant tomber les morceaux de la façade du théâtre lyrique, plus d'un crut revivre la destruction de Sodome et Gomorrhe. Et s'imaginant leur dernière heure venue, tous, sans cesser d'accélérer pour autant, implorèrent le Seigneur de pardonner leurs péchés. Puis comme si la situation n'était pas déjà assez dramatique, plusieurs automobiles surgirent en se frayant un chemin dans la cohue à grands coups de klaxons rageurs. Au passage, des épaulettes dorées brillèrent à l'arrière des véhicules.

Un homme cria : « Les officiers foutent le camp ! » Ce fut alors une galopade du troupeau affolé qui ne connut plus de limites. Abandonnés en pleine course, des bagages de toute nature jonchèrent la chaussée. Les forts marchèrent sur les faibles. Des vieillards tombaient sans que personne ne prenne la peine de les aider à se relever. Sans pitié pour leurs jambes trop courtes, les parents forçaient les enfants à courir toujours plus vite. Près de Kyra, qui s'était mise à l'écart du sauve-qui-peut général, une voix juvénile décréta : « Nous n'y arriverons jamais, maman. » Se retournant, elle vit s'arrêter une jeune femme bien mise qui tenait un nourrisson dans ses bras et un garçonnet haut comme trois pommes accroché à sa jupe tandis qu'une adolescente d'une douzaine d'années, traînant une valise bien trop lourde pour ses bras frêles, la posait à terre pour se reposer un peu.

Tous quatre demeuraient en arrière de la cohue, le désespoir et l'épuisement peints sur le visage de la mère et de l'aînée des enfants. Cette pose digne d'une piéta remua tant le cœur de la comtesse Séméniovna qu'elle retrouva pour les autres une envie de vivre qui avait failli l'abandonner au spectacle de cette déroute. S'emparant alors d'autorité du pesant bagage qui entravait l'avance de la petite fille, elle commanda : « Venez ! »

*

Un désordre indescriptible régnait sur le port. En effet, ceux qui descendaient de la ville dans l'espoir de trouver une dernière chance d'échapper aux Rouges s'étaient heurtés sur les quais aux malheureux passagers que les soldats avaient obligés sans ménagement à débarquer des deux cargos prêts à prendre la mer afin de faire place nette pour les généraux blancs, leurs états-majors, les personnages influents accompagnés de leurs familles et le petit nombre de malins qui avaient su graisser des pattes à bon escient. S'ajoutaient à la pagaille des chevaux abandonnés errant au hasard et les automobiles plantées là par leurs occupants, sans souci qu'elles barrent la route à d'autres. Beaucoup de paquetages militaires jonchaient le pavé. Personne n'en avait plus besoin désormais. Le front n'existait plus. À l'abri sur les ponts, les élus par le grade ou la fortune regardaient les marins empiler les valises dans les cales sous la protection d'un rideau de Cosaques hérissé de fusils.

Parcourue de mouvements contradictoires, la masse humaine en venait parfois aux mains tant ceux qui voulaient encore débouler sur l'embarcadère ne comprenaient pas pourquoi les premiers arrivés refluaient maintenant vers leur point de départ. Tout cela dans une houle d'injures, de cris hystériques, de supplications et de sanglots que dominaient, à intervalles irréguliers, le crépitement rapproché des mitrailleuses et le cri de rapace des obus fondant sur Odessa.

Un coup de feu claqua derrière une pile de caisses contre lesquelles Kyra et ses protégés avaient trouvé un abri provisoire. Regardant la scène, la jeune femme vit des chaussures noires impeccablement cirées surmontées de guêtres immaculées. L'homme, un quinquagénaire qui avait dû avoir un grand souci de son élégance étant donné la délicate pochette ornant son veston, venait de se brûler la cervelle. Un browning brillait dans sa main. Sans même calculer quel usage elle comptait en faire, la comtesse Séméniovna, se penchant sur le mort dont nul autre qu'elle ne se souciait, desserra les doigts crispés sur la crosse nickelée avant de prendre l'arme et la glisser dans sa poche. Puis jugeant la situation sans issue en ces lieux – que le jour de ses retrouvailles avec Mendel lui paraissait loin à présent ! – et se rappelant soudain avoir aperçu depuis les hauteurs du ghetto des barques de pêche en calfat dans une crique qui ne devait pas se trouver très éloignée, elle en prit le chemin, suivie de la petite famille attachée à ses pas. Tandis qu'ils s'enfonçaient dans des ruelles désertes, le mugissement bref d'une sirène annonçant qu'un bateau se détachait du quai fut suivi dans leur dos par un concert de malédictions.

*

Kyra avait eu le bon réflexe. À l'instant même où ils atteignirent l'anse empuantie par l'odeur du goudron de carénage, une dizaine d'hommes et de femmes attelés à des cordes de part et d'autre de la coque achevaient de mettre un rafiot de pêcheur à la mer. Le temps que les fugitives s'en approchent, certains hissaient déjà une voile rapiécée tandis que les autres embarquaient quelques colis et des tonneaux d'eau potable. Voyant le petit groupe stopper, l'un d'eux, coiffé d'une casquette de yachtman, lui fit signe de passer son chemin en criant : « Nous sommes au complet ! »

Cette dureté de ton alors qu'elle n'avait encore rien demandé ulcéra Kyra. Lâchant alors la valise, elle fit surgir le browning et visant l'ancre dorée qui ornait la coiffure blanche en tenant la crosse à deux mains, elle annonça avec un calme qui paraissait d'autant plus inquiétant qu'il était épaulé par une arme de poing : « Eh bien, vous ne partirez pas non plus... » Elle regarda le reste de l'équipage qui s'était figé, osant à peine respirer : « Il y a huit balles dans le chargeur. » Et pour bien montrer sa résolution, abaissant légèrement le canon du pistolet automatique, elle appuya sur la détente. L'impact fit voltiger de la boue séchée entre les chaussures de son interlocuteur, qui ferma les yeux de frousse. « Il en reste encore sept... »

L'une des femmes se décida à intervenir : « C'est une traversée très risquée... En plus d'une tempête toujours possible, nous pouvons rencontrer un bâtiment rouge. » Kyra demeura de marbre : « Nous en partagerons les dangers avec vous tous. » L'autre interrogea ses compagnons d'infortune du regard. L'un d'eux grogna : « Comme si on avait le choix. » La femme soupira : « Très bien. C'est d'accord, mais priez le Ciel de ne pas avoir à le regretter. »

Malgré la menace toujours présente, l'un des marins d'occasion se remit en mouvement avec un haussement d'épaules : « Entre chrétiens, on se doit... » Puis jugeant inutile de compléter sa pensée, il fit passer à tour de rôle les enfants dans la barque. Geste qui détendit l'atmosphère définitivement. L'une de ses équipières saisit alors le nourrisson et lui fit même faire risette tandis que la jeune mère se hissait à bord à leur suite. Même le yachtman se montrait soudain coopératif en s'occupant de la valise après avoir murmuré : « Ces temps ont fait de nous des loups. » Kyra l'en excusa d'un pauvre sourire avant de mettre le pied sur le pont qui allait l'emporter vers l'exil. Dès que l'embarcation fut à quelques encablures du rivage, elle balança le browning dans l'eau.

*

La mer était parcourue de lourdes ondulations luisantes parsemées d'or. Tirée par sa voile gonflée par un fort vent arrière, la barque de pêche roulait sous l'effet de la houle. Son étrave coupait la masse abyssale, qui la faisait se balancer, en laissant un sillage d'écume dans lequel les mouettes trompées par de brefs éclairs argentés plongeaient avec un rire aigre. La brise soufflant dans cet azur eût fait le bonheur des régatiers. Aussi, le barreur se contentait de venir au lof sans avoir besoin de forcer ses talents de navigateur.

Ce tableau idyllique aurait pu laisser croire à l'une de ces paisibles promenades en mer que les vacanciers aiment à s'offrir entre deux bains si, au lieu de regarder vers le large, les passagers tassés sur le pont n'avaient tenu obstinément les yeux braqués en direction de la côte slave qui s'amenuisait jusqu'à devenir une mince ligne noire à l'horizon. Et comme si les cœurs n'étaient pas déjà suffisamment broyés par cet arrachement brutal à la terre natale, venant d'un panache de fumée montant au loin dans le ciel bleu (sans doute le dernier vapeur qui quittait Odessa), une chanson mélancolique entonnée en chœur parvint jusqu'aux oreilles des fugitifs et les remplit d'une tristesse indicible.

« Ô mon pays, ma mère, ma pie, mon cheval,
Pourquoi dois-je vous quitter ?
Je n'entendrai plus le chant du rossignol
Ni ne pêcherai plus dans la rivière,
Mais ne pleurez pas sur moi,
Car c'était ma destinée... »

À cet instant précis, alors que les basses palpitantes comme un oiseau blessé se mouraient pour ne plus laisser que le bruit des vagues s'écrasant contre la coque, Kyra sut qu'elle venait de dire adieu à la Russie.

*

Les Rouges avaient encerclé la petite ville. On se rendait maison par maison, parfois étage par étage dans les vieilles bâtisses de la noblesse. Les Blancs, en infériorité, avaient été obligés de mettre bas les armes, pris dans la nasse. Il restait dans les ruelles un âcre parfum de sueur d'homme mêlée au goût du sang qui séchait au soleil. Pour les vaincus, il n'y avait aucune pitié à attendre de leurs adversaires, un mélange de Cosaques ralliés à la Révolution et d'ouvriers des usines proches.

Entre deux rations de vodka, le peloton d'exécution n'avait plus chômé.

Un cérémonial implacable.

Ceux qui avaient aujourd'hui le doigt sur la gâchette du flingot savaient qu'ils risquaient fort, demain, de se retrouver à leur tour face au canon d'une pétoire : certains ne pouvaient quand même pas s'empêcher de faire le signe de croix orthodoxe. Pour ces quatre jeunes gens, sans cesse renouvelés, qui allaient mourir debout, de face, dos au mur de l'église.

C'étaient des cadets de la Garde impériale. La plupart n'avaient pas vingt ans, déjà survivants des combats perdus dans Kiev la Sainte, capitale de l'Ukraine, dont l'Armée rouge s'était emparée. Sur les joues lisses de ceux-là, en disant adieu à une vie qu'ils avaient espéré longue et heureuse, les larmes coulaient silencieusement. D'autres, à l'instant fatal, avaient un dernier cri provocateur : « Vive notre Russie éternelle ! » ou bien « Vive le Tsar ! »

Un ordre bref : « Amenez les quatre suivants ! » Après chaque tir groupé, d'autres hommes emportaient les cadavres encore chauds et frémissants comme des petits pains sortis d'un four trop brûlant et les balançaient dans une charrette attelée de deux bœufs paisibles alors qu'un nouveau quatuor venait s'aligner face aux Lebel. Bien sûr, il aurait été plus pratique d'organiser une exécution en masse en employant la mitrailleuse Hotchkiss, mais le chef de la sotnia avait décidé qu'il valait mieux garder les bandes de balles pour répondre à une contre-attaque éventuelle des Blancs.

D'ailleurs, l'un de leurs colonels venait juste d'apparaître, flottant dans les restes de son uniforme déboutonné, encadré par deux Cosaques dont le bonnet de fourrure s'ornait d'une étoile rouge. Il s'agissait du colonel-comte Nicolas Alexandrovitch Séméniof. Poussé par ses accompagnateurs, il essayait de garder une allure digne malgré la peur qui l'étreignait intérieurement. Étant le plus haut gradé, il savait qu'un sort particulier, sans doute horrible, lui serait réservé. Il avait déjà eu l'occasion de voir des officiers blancs exécutés comme le Christ, sur deux planches entrecroisées en plein vent sur les hauteurs de la steppe.

Au mieux, son sort allait se jouer dans un poker verbal. Quinte ou flush royal. Il jouerait ses meilleures cartes en tentant d'appâter ses juges improvisés par la qualité de ce qu'il pouvait leur promettre. De là sa volonté de demeurer impassible, tel un spieler prêt à risquer tout son tapis.

D'une bourrade, son escorte le propulsa à l'intérieur de la mairie de la petite ville. Il se retrouva face à un homme d'une trentaine d'années assis derrière une table. Sous la casquette de prolétaire d'où dépassaient des cheveux trop longs, un visage taillé au couteau orné d'une petite barbiche à la Lénine, des yeux noirs implacables. Séméniof se dit qu'il devait s'agir d'un de ces intellectuels - un juif bien sûr - rallié au bolchevisme et sans doute revenu d'un bagne de Sibérie. Il ne pouvait s'agir que du commissaire politique nommé par la Tcheka pour surveiller toute divergence avec le parti et pousser de force, si c'était nécessaire, les hommes au sacrifice. Une veste de cuir usagée lui servait d'uniforme. Un gros ceinturon la fermait, auquel était passé un étui de revolver dont la crosse luisait. « Un Nagar », se dit le colonel.

Il rectifia sa position en faisant claquer les talons. « À vos ordres, camarade commissaire politique. » Épaté malgré lui par l'aplomb de ce ci-devant d'une classe appelée à disparaître à jamais, l'homme des Organes décida de poursuivre en pensant : « Il me prend pour une marieuse qui va lui présenter la nouvelle Russie. »

« Si je me suis porté volontaire pour dans ce combat de l'arrière-garde, c'était pour trouver l'occasion de passer de votre côté.

– De déserter quoi ! »

Il y avait du mépris dans la voix de son vis-à-vis. Séméniof ne laissa rien paraître de ce que ce terme avait d'injurieux et d'infamant à son égard : « Non, j'ai pris conscience que le tsar autocrate était tombé dans les poubelles de l'histoire. Que mon pays est entré dans une nouvelle ère où le travailleur trouvera toute sa place, protégé du monde de la noblesse et de la finance qui l'oppressait. » Il voyait dans les yeux de son interlocuteur que ce langage ampoulé lui convenait parfaitement.

« Et en quoi vous, un reste de l'époque révolue, pourriez être utile à notre nouveau monde ?

– Camarade commissaire, à l'heure où je vous parle, la panique règne dans Sébastopol. Du Prince au valet de chambre, du général au simple soldat, de la jeune femme de bonne famille à la courtisane, chacun cherche à se trouver une place à bord des navires de guerre ou des cargos qui vont mettre la vapeur vers les autres rives de l'Europe.

– Qu'ils aillent tous au diable ! »

Séméniof sentit que c'était le moment d'abattre sa carte maîtresse. Quitte ou double. À la vie ou à la mort : « Ce n'est pas en Enfer qu'ils finiront, camarade, mais à Constantinople ou à Paris. Peut-être même à Nice où ils préfèreraient goûter un hiver plus doux du temps de leur splendeur. Et ce seront autant de foyers d'agitation contre le nouveau pouvoir russe.

– Alors que préconisez-vous ?

– Il vous faudra un lien avec cette caste appelée à survivre à l'étranger. Un agent ayant en apparence les mêmes titres et les mêmes manières de se tenir en société, qui affirme haut et fort que sa fidélité aux Romanov et à la Sainte Russie de nos ancêtres est intacte. Je connais nos compatriotes, ils se regrouperont dans certaines villes, dans certains quartiers, qui deviendront des foyers d'agitation et de propagande contre le bolchevisme. De là, une offensive dans les milieux politiques et ceux de la bourgeoisie, l'envoi de saboteurs, la création de réseaux de clandestins et même d'assassins chargés de s'en prendre aux cadres de la Révolution. De là, la nécessité de disposer de cet informateur, prêt même à faire disparaître ceux qui deviendraient trop encombrants. »

Le commissaire politique le dévisagea en silence comme pour le jauger. Puis, il aboya un appel : « Soldats ! » Deux militaires à la casquette frappée d'une étoile rouge surgirent. « Ordre d'accompagner ce camarade à Moscou. Vous aurez à le remettre en mains propres au camarade Djerzins-Ku, secrétaire du Comité du salut public pour tout le territoire de l'Union soviétique. »

* *

*